KB049359

공부에
다음이란
없다

공부에
다음이란
없다

전원일기 노마에서 한의사로 돌아온 김태진의 열혈 공부 이야기

(주)고려원북스

머리말

'不是一番寒徹骨爭得梅花撲鼻香 (불시일번한철골 쟁득매화박비향)'
매서운 추위가 한 번 뼈에 사무치지 않았던들 어찌 매화가 코를 찌르는 향기를 얻을 수 있으리오.

위 문장은 중국 당나라의 고승이었던 황벽선사가 쓴 유명한 시의 한 구절로 어려움을 극복해야만 좋은 결과를 얻을 수 있다는 의미를 담고 있다.

난, 지금 공부와 시험에 시달리는 수험생들에게 이 구절을 들려 주고 싶다.

내가 방송 활동을 처음 시작한 것은 여섯 살, EBS의 〈딩동댕 유치원)이다. 초등학교 입학 후에는 EBS의 각 학년 학습 프로그램을 도맡아 하게 되었고, KBS와 MBC, 그리고 SBS 창사와 함께 각 방송국의 드라마와 연극, CF 등에 출연하게 되며 나의 24시간은 매분, 매초가 황금 같은 순간이 되어버렸다.

촬영 스케줄로 인해 일주일에 두 번 이상 학교를 빠지는 것이 다반사였고, 새벽부터 시작되는 야외촬영이 밤늦게까지 이어져 일정을 다 마치고 집에 돌아오면 정말 피곤해 녹초가 되기 일쑤였다. 잠이 부족했음은 말할 필요도 없었고 한창 배움이 필요한 시기였기 때문에 다른 사람들보다 더욱 힘든 자기와의 싸움, 시간과의 싸움을 벌여야 했다.

특히 〈전원일기〉는 농촌 야외 장면이 대부분이어서 촬영을 하기 위해 이동하는 시간과 기다리는 시간이 다른 녹화보다 길었지만, 내게는 너무나도 귀한 시간이었다. 자연스럽게 이런 자투리 시간들을 적극적으로 활용하였고 시간의 소중함을 누구보다 절실히 깨닫게 되었다.

교육은 국가의 백년대계(百年大計)라 한다. 특히 우리나라는 세계 어느 나라에도 뒤지지 않는 교육열로 유명하다. 이러한 환경은 치열한 경쟁을 유발했고, 학생들은 영어 유치원부터 시작하여 대학 입학을 위한 중·고교 시절의 입시경쟁, 더 나아가 취업을 위한 준비까지 쉼 없이 앞만 보며 달려야 한다.

그러다 보니 부모님들의 교육 철학 역시 원인과 결과가 분리되지 않는 뫼비우스의 띠처럼 혼란스러워 아이들과 함께 전전긍긍하는 것이 현실이다.

일찍이 퇴계 이황 선생께서는 '자기가 서고 싶으면 남도 세워주고, 자기가 알고 싶으면 남도 깨우쳐주는 것', 그것이 바로 인(仁)의 마음, 공부한 자의 마음이라고 했다. 내가 공부하면서 깨달은 것과 얻은 것들을 올바른 가치관과 더불어 확실히 세우고 그 진심을 후배들에게 전하고 싶었다.

공부에 임하는 긍정적 자세 변화와 자기 자신에 대한 믿음, 그리고 더 나아가 이 사회 전반에 인(仁)의 마음이 화선지에 먹물 퍼지듯이 퍼졌으면 하는 바람이다.

브라운관이 아닌 책을 통해 여러분과 소통할 수 있는 기회를 주신 설응도 선생님을 비롯하여 고려원북스의 식구들, 지면을 빌려 진심으로 감사함을 전한다.

그리고, 〈전원일기〉의 국민 아들 노마를 기억해주시고 응원해주시는 여러분의 한없이 따뜻하고 큰 마음에 부족하나마 고마움으로 입 맞춘다. 앞으로도 더 열심히 노력하고 베푸는 한의사 노마의 모습으로 그 마음에 보답하려 한다.

마지막으로 내가 꿈을 이룰 수 있도록, 더 큰 꿈을 꿀 수 있도록 언제나 아낌없이 지지해주시고 응원해주신 부모님과 가족들, 영원의 시간보다 더 오래도록, 우주의 팽창보다 더 크게 사랑하고 감사한다.

노마 김 태 진

주요 수상 경력(교내 수상 제외)

- 전국 한자 실력 경시대회 대상 – 재능교육, 한국어문교육연구회 (' 92)
- 서울시 교육청 동화구연 대회 대상 (' 93)
- 전국 올해의 어린이 상 – 한국아동상담소 주최 (' 93)
- 전국 한자 실력 경시대회 대상 – 재능교육, 한국어문교육연구회 (' 94)
- 전국 한자 실력 경시대회 대상 – 재능교육, 한국어문교육연구회 (' 95)
- 전국 해법 수학경시대회 대상 (' 95)
- 전국 대교 수학올림피아드 금상 (' 95)
- 전국 재능 수학올림피아드 금상 (' 95)
- 서울시 인성교육 사례발표 대회 금상 (' 95)
- 동아일보 전국 어린이 문예백일장 장원 (' 95)
- 전국 한자 실력 경시대회 대상 – 재능교육, 한국어문교육연구회 (' 96)
- 전국 해법 수학경시대회 대상 (' 96)
- 전국 수학경시대회 최우수상 – 육영재단 (' 96)
- 전국 재능 수학올림피아드 대상 (' 96)
- 과학기술처 장관상 (' 96)
- 전국 한문경시대회 중등부 금상 – 성균관대 주최 (' 97)
- 전국 수학올림피아드 중등부 은상 (' 97)
- 서울 국제 수학올림피아드 중등부 한국 대표 (' 97)
- 서울대학교 영재 1기 수학 분야 선발 (' 98~99)
- 전국 한문경시대회 중등부 대상 – 성균관대 주최 (' 98)
- 전국 수학경시대회 중등부 대상 (' 98)
- 전국 한문경시대회 중등부 대상 – 성균관대 주최 (' 99)
- 한일 문화 외교사절단 선발 – 일본 연수 (' 99)
- 전국 수학경시대회 고등부 대상 – MBC 주최 (' 00)
- 한 · 일 공동개최 GMC (Global Mathematics Championship) 1위 (' 00)
- 한국 수학 학력 평가 금상 (' 00)
- 서울시 고교 과학 우수학생 실험반 선발 (' 00)
- KAIST 전국 수학 여름캠프 선발 (' 00)
- KAIST 전국 수학 겨울캠프 선발 (' 00)
- 전국 국어올림피아드 고등부 금상 – 교육부 (' 01)
- 전국 한문경시대회 고등부 은상 – 성균관대 주최 (' 02)
- 봉사상 표창 – (사)대한 사립중고등학교장상 (' 02)
- 모범청소년상 – 서울교육삼락회 (' 02)

- EBS] 〈딩동댕 유치원〉을 시작으로 EBS의 학습 프로그램 및 드라마 다수 출연(1989~96).
- SBS] 창사 특집극 〈길〉(1991), 드라마 〈한강 빠꾸기〉(1993) 外 출연
- KBS] 〈사랑방 중계〉의 어린 왕자(1992), 〈비가비〉 外 출연
- MBC] 〈전원일기〉(노마 役)(1993~1996), 〈남자만 넷〉(1992), 베스트셀러 극장 〈망향가〉, 〈사랑하는 나의 연사들〉 外 출연
- 연극] 여인극단의 〈맥베드〉(맥더프 아들 役), 서울 연극제 작품, 〈화분이 있는 집 사람들〉
- CF] 대교 눈높이, 대한적십자 등 공익 광고, 바이오거트, 삼양 짜짜로니, 덴마크 우유 등 外
- 2010년 KBS1 〈아침 마당〉 KBS2 〈세대공감 토요일〉 KBS2 〈생방송 오늘〉
- 2011년 KBS2 〈여유만만〉 MBC 〈기분좋은 날〉 SBS 〈한밤의 TV연예〉

- 1984년 서울 출생
- 서울 양서중학교 수석 입학 (' 97)
- 서울 양서중학교 수석 졸업 (' 00)
- 서울 화곡고등학교 수석 입학 (' 00)
- 서울 화곡고등학교 수석 졸업 (' 03)
- 원광대학교 한의과 대학 입학 (' 03)
- 원광대학교 한의과 대학 야구팀 '배트릭스' 회장 (' 05)
- 전국 한의과 대학 의료윤리 실천위원회 위원장 (' 06)
- 원광대학교 한의과 대학 한방진단학 학습부장 (' 06)
- 원광대학교 한의과 대학 한방 신경정신과 학습부장 (' 07)
- 제64회 한의사 국가 고시 합격 (' 09)
- 한국보건의료인 국가시험평가원 특별 수기 게재 (' 09)
- 대한적십자 유공 은장 수상 (' 09)
- 공주시 보건소 한의약 지역보건실 한방 사업 운영 (' 09~11)
- 공주시 독거노인, 장애인 한방 방문 진료 (' 09~11)
- 공주시 옥토버 페스티벌 한방 상담실 운영 (' 09)
- 공주시 이동경찰서 초청 한방 진료 (' 10)
- 공주시 중 · 고교 수험생 한방 교실 강의 (' 10)
- 중풍 예방교실, 사상체질 교실, 기공체조 교실 강의 및 진료 운영 (' 09~11)
- 공주시 보건소 한방진료실 한방 진료 (' 11~ 現)

공부에 다음이란 없다
차례

머리말

약력

PART

_1_

노마 이야기

〈전원일기〉는 내게 운명이었고 꿈이었다

전원일기 노마에서 한의사로 돌아온 김태진의 열혈 공부 이야기

연기로 삶을 배우다

내가 방송 활동을 처음 시작한 것은 6살 무렵이었다. 그 당시 나는
지금과는 달리 매우 활발한 성격이었다. 나의 재능을 알아보신 유
치원 선생님의 권유로 EBS 〈딩동댕 유치원〉에 출연하게 되면서,
나는 진짜 유치원 대신 딩동댕 유치원을 다니게 된 셈이다. 그 후
초등학교에 입학하면서 EBS 학습 프로그램에 계속 참여하게 되었
다. 저학년 때는 '바른 생활', '슬기로운 생활', '즐거운 생활'에,
고학년이 되어서는 '국어', '수학', '사회' 등 학습 프로그램에 출
연하면서, 공부할 시간이 따로 없던 나는 EBS 방송 녹화 내용으로
공부를 했다. 단순히 방송을 하는 것이 아니라 방송 내용을 완벽하
게 내 것으로 만들기 위해 노력한 것이다.

EBS 〈딩동댕 유치원〉 야외 촬영

EBS 〈딩동댕 유치원〉 스튜디오 녹화

EBS 방송을 주로 하면서 다른 방송 프로그램들도 간간이 하게 되었는데 그중 SBS 창사 특집 드라마 〈길〉이 오래도록 기억에 남는다. 거기서 나는 동자승 역을 맡아 연기자 김영철 선생님과 호흡을 맞추었는데, 드라마 중간에 회심곡을 부르는 장면을 위해 그것을 몽땅 외워버렸다. 회심곡으로 삶에 대한 겸허한 자세와 가치를 배우게 되었고 20년이 지난 지금도 자연스럽게 흥얼거릴 수 있을 정도이다. SBS 드라마 〈한강 뻐꾸기〉에서는 1960년대 우리나라의 정치, 경제 상황이 어떠했는지 경험해보지 않고도 알 수 있게 되었다.

그리고 내 인생에서 가장 큰 의미가 되었던 드라마 〈전원일기〉를 빼놓을 수 없다. 도시 출신인 내가 평소에 접하기 어려운 우리나라의 자연을 접하며 호연지기를 기를 수 있었고, 농촌의 현실을 보며 소외되고 어려운 이웃에게 진정으로 다가갈 수 있게 되었다. 아마 한의사의 꿈도 이때 싹텄을 것이다.

지금 월드컵 공원이 된 난지도는 당시 서울시의 쓰레기 매립지였다. 어린이 리포터로 난지도의 환경 오염 실태에 대한 방송에 출연하면서 환경에 대한 의식을 갖게 되었다. 또한, KBS 〈사랑방 중계〉의 '어린 왕자' 역은 생활 속의 여러 가지 정보와 사회적 문제에 대해 인식하고 다시 바라보게 된 계기가 되었다. 연극 〈맥베드〉에서 맥다프의 아들 역을 맡아 문예회관 대극장에서 공연을 하기도 했다. 셰익스피어의 위대한 작품을 책으로 접하는 것보다 훨씬 더 자세하

연극 〈맥베드〉 전광열 선생님과 함께

연극 〈맥베드〉 정진영 선생님과 함께

연극 〈맥베드〉 출연진

고 생생하게 체험할 수 있었던 것이다. 그 당시에 전광렬 선생님, 정진영 선생님과 함께 공연을 하였는데 나는 멕다프 역 전광렬 선생님의 아들 역할이었다. 여담이지만 전광렬 선생님은 드라마 〈허준〉으로 유명한 분이 아닌가. 나는 허준의 아들인 셈이고, 현재 한의사가 되었으니 어찌 보면 묘한 인연이 아닌가 싶다.

연기로 공부 방법까지 깨치다

연기 활동에서 빼놓을 수 없는 가장 중요한 것이 바로 대본 연습이다. 난 대본 연습을 공부에 있어 절대적으로 중요한 암기력과 독해력, 사고력을 기르는 방법으로 적극 활용하였다. 대사는 무작정 외우는 것이 아니다. 극 전체의 줄거리와 흐름, 내가 맡은 인물의 성격과 처해진 상황, 심리 상태 등을 잘 이해하고 공감하고 있어야 한다. 그러면 대사도 외우기가 쉽고 더 자연스럽게 소화할 수 있다. 난 연기를 시작하기 전에 캐릭터의 배경, 심리 상태 등을 깊이 생각하고 표정 연기도 세세한 부분까지 제대로 살리기 위해 많은 연습을 했다. 쉽게 말해 그 캐릭터에 완전히 몰입한 것이다. 대사는 특별한 것이 아니다. 누구라도 일상생활에서 겪을 수 있는 상황에서 가장 자연스럽게 나오는 말, 그게 바로 드라마의 대사이다.

공부도 마찬가지다. 무작정 암기하는 것이 아니라 전체의 흐름을 파악하여야 한다. 나는 책을 읽을 때, 특히 국어 과목에서 지문을 읽을 때 마치 대본 연습처럼 했다. 극의 흐름을 파악하고 등장인물들의 성격과 대사 하나하나의 미세한 부분까지 파악하고 몰입하려는 노력들이 큰 도움이 된 것이다.

연기 활동 역시 내가 좋아서 시작한 것이었고 완벽하게 잘 해내고 싶은 마음이 누구보다 강했기에 언제나 열심이었다. 대사가 입에서 술술 나오기 전까지는 절대 만족스러워하지 않았다. 당연히 촬영장에서 대사를 잊어버린 기억은 전혀 없고 오히려 상대방이 대사를 잊어버려 NG를 내었을 때 상대방 대사까지 알려준 적이 많았다. 그만큼 그 상황에 완전히 몰입하는 연습이 되었기에 가능했다. 덕분에 감독님과 최불암 선생님, 김혜자 선생님 등 많은 연기자분들께 칭찬을 많이 받았다.

〈맥베드〉, 〈화분이 있는 집 사람들〉과 같은 연극을 하면서는 처음부터 끝까지 유지할 수 있는 강한 집중력과 어떠한 상황에서도 긴장하거나 떨지 않고 침착함을 유지할 수 있는 힘을 기를 수 있었다. 연극은 드라마와는 달리 실수했다고 다시 할 수 있는 것이 아니기에 무엇보다 강한 집중력과 정신력이 필요하다. 또한 수많은 관람객들

앞에서 2시간 동안 공연을 해야 하므로 긴장하거나 주눅 들지 않는 침착성과 당당한 자세를 배울 수 있었다.

이처럼 난 연기 활동을 통해 적극적이고 능동적으로 공부에 필요한 방법들을 터득했으며, 더 나아가 삶에 요구되는 자세와 소중한 가치관들을 몸소 배우고 깊이 깨닫게 되었다.

우리는 모든 일에 있어 긍정적인 사고가 최선이며, 성공의 조건이라고 알고 있지만 그것을 뛰어넘는 삶의 자세가 있다. 그것은 바로 자신의 시각을 바꾸는 것이다. 자신에게 주어진 환경이 아무리 열악하더라도 그것 자체를 자신을 발전시키는 계기로 만들고 최대한 활용하는 것이 중요하다.

〈전원일기〉를 만나다, 노마가 되다

초등학교 3학년 때, 〈전원일기〉의 노마 역 오디션을 보러 가게 되었다. 그 당시 경쟁률이 어땠는지는 모르겠으나 내 또래 아이들이 상당히 많이 왔고 대기 시간도 길었던 기억이 난다. 그 당시에도 〈전원일기〉는 국민 드라마였던 것 같다. 내가 노마 역을 꿰찬 이유를

23

〈전원일기〉 700회 기념 단체사진(1995. 1. 24)

짐작해보자면 아마 노마 캐릭터와 가장 비슷했기 때문일 것 같다.
드라마 속 노마는 어려운 가정 형편 속에서도 싫은 내색 없이 열심
히 공부하고 오히려 부모님을 이해하는 속 깊은 아이였다. 노마 연
기를 하면서 감정 이입도 쉬웠고 내 실제 모습과 성격을 연기하게
되니 대사나 감정 표현을 더 잘 해낼 수 있었던 것 같다.

내 연기 생활에 있어 가장 기억에 남고 가장 의미가 있는 작품과
캐릭터를 말하라면 누가 뭐래도 〈전원일기〉, 그리고 '노마' 일 것이
다. 열 손가락 깨물어 안 아픈 손가락 없듯이 모든 작품의 모든 캐릭
터가 하나같이 소중하고 애틋하지만 지금의 나를 만들어준 것은 〈

24

전원일기〉이기 때문이다. 오랜 기간 출연하기도 했지만, 촬영 내내 전 출연진이 가족처럼 생활해 나의 드라마가 아닌 나의 '일기' 같은 느낌이었다. 실제로 녹화장에서나 식사 시간에나 마치 대가족이 어우러지는 풍경을 연출하곤 했다.

지금 생각해보면 〈전원일기〉는 그냥 일반적인 드라마가 아니었다. 시청률 차원을 넘어 그 당시 농촌의 생활상과 농민들의 희로애락을 전달해준 대변인이었다. 더 나아가 우리 사회의 부조리한 현실과 농촌 문제들을 시의적절하게 지적해주고 국민들의 의식을 일깨워주는 역할을 했다. 〈전원일기〉가 최장수 드라마로 국민들에게 큰 사랑을 받았고, 종영 이후에도 계속 회자되고 전설로 남아 있는 데는 다 이유가 있는 것이다.

노마야, 힘내라!

〈전원일기〉를 촬영하며 내가 원톱 주인공으로 나왔던 에피소드들은 아주 작은 부분들까지도 생생하게 기억하고 있다. 그중 〈아빠도 우리처럼〉, 〈노마야, 힘내라!〉, 〈노마의 생일〉 등은 실제 내 성격이

〈아빠도 우리처럼〉의 한 장면-화재 현장에서 개똥이를 업고 나오는 장면

드라마 중 엄마의 허리를 두드리는 장면

그대로 반영된 작품이어서 그런지 유난히 나의 마음과 기억에 각인되어 있다.

〈아빠도 우리처럼〉은 그 당시 건조한 날씨로 인해 화재가 잦았던 농촌의 모습을 두 집안의 싸움을 배경으로 그려냈던 에피소드였다. 개똥이네 부모와 노마네 부모가 돈에 얽힌 오해로 서로 티격태격하는 와중에 꼬마 '개똥이'가 창고에 불을 내고, 개똥이를 시켜 돈을 훔쳤다는 오해를 받던 노마가 개똥이를 불 속에서 구해 서로 화해하는 내용이었다. 화재 장면이 실제를 방불케 해서 모든 스태프들이 긴장 속에서 열심히 찍었던 작품이었다. 가연성이 좋은 소재를 뭉쳐 바닥에 깔고, 그 위에 불을 붙여 화재를 연출하고, 난 개똥이를 업고 그 불길을 뛰어나와야 했다. 설치 과정이 어려웠던지라 NG 없이 한 번에 통과하자 스태프들이 박수를 쳐주었던 기억이 난다. 모두들 그 을음에 까매진 내 얼굴을 보고 웃었지만 기분은 마냥 좋았다. 그날 촬영에 얼마나 집중을 했던지 점퍼가 불에 그슬려 있는 것을 나중에 집에 와서야 알게 되었다. 그 에피소드에서는 오락실 장면도 있었는데 나는 그 전에 오락실에 가본 적이 없었다. 미리 오락실에서 연습을 했음에도 불구하고 실제 촬영 땐 너무 진지한 표정으로 게임을 해 다들 웃음보를 터뜨렸고 즐거운 NG가 나기도 했다.

〈노마의 생일〉은 나 자신에 대해 많은 것들을 생각하게 했으며,

마음가짐을 새롭게 하는 계기를 마련해준 에피소드였다. 추운 겨울, 신문 배달을 하는 노마는 '자전거가 있었으면' 하고 내심 바라지만 겉으로는 태연하게 '필요 없다'고 말하는 그런 아이였다. 나는 마음속으로 되새겼다. 노마는 어려움 속에서도 긍정적으로 생각하고 열심히 공부하는구나. 나도 항상 감사하는 마음으로 매 순간 최선을 다해 살아야겠다. 어려운 환경에서도 꿋꿋이 살아가는 분들에게 미안하지 않도록. 내가 연기한 노마를 통해 실제의 나를 돌아보며 정신적으로 한층 더 성장할 수 있었던 것이다.

또 추운 밤 노마와 아버지의 대화 내용에 이런 것이 있었다. '신문 배달하기 힘들지 않으냐, 개학하면 신문 배달 그만해라'하고 아버지가 말씀하시자 노마는 '운동도 되고 오히려 좋은걸요, 신문 배달하면서 공부도 열심히 할게요'라고 말한다. 힘든 환경에서 어린 시절을 보낸 노마는 이미 성숙한 어른이었다. 자신의 처지에 불평불만 없이 밝고 씩씩하게 이겨내는 노마의 마음가짐을 통해 나도 한 뼘 자랄 수 있었다.

시청자들도 내 맘과 다르지 않았는지, 이 에피소드가 방영된 후 또래 학생으로부터 한 통의 편지를 받게 되었다. 여느 팬레터와는 달리 진지한 편지여서 대기실에서 몇 번을 읽었던 기억이 난다.

'우리 집도 노마네처럼 가난한데 극에서 노마가 웃으며 사는 것이 너무 대단합니다. 전 매일 투정만 하고 부모님을 원망했는데 노마를 보며 반성을 많이 합니다. 노마를 보면 내 모습 같아 눈물이

나고 슬프지만 노마가 어려움을 꿋꿋하게 이겨내는 것을 보면 오히려 제가 힘이 납니다. 노마가 부모님을 배려하고 친구들과 밝게 어울리는 모습을 따라해 보려고 노력합니다. 저도 노마처럼 더 크게 생각하고 열심히 살 테니 노마도 꿈을 위해 함께 노력해주세요. 노마가 웃는 한, 저도 웃으며 살겠습니다' 라고 적혀 있었다. 아마 그 친구는 꿈을 이루기 위한 길을 흔들리지 않고 달려갔을 것이다. 꿈은 그것을 이뤄내기 위해 열심히 노력하는 한, 매 순간 가까이 다가오는 것이기 때문이니까. 그 학생의 마음이 순수하고 굳건했기에 지금쯤 분명 자신의 꿈을 이루었을 것이라 확신한다. 〈전원일기〉의 노마를 연기하면서 사람과 사람 사이의 소통과 공감의 소중함을 깨달았고, 나 자신에 대한 성찰과 내 꿈을 펼쳐나갈 반석을 만들 수 있었다.

〈노마야, 힘내라!〉는 노마가 아빠와 함께 매일같이 축구 연습을 하여 결국 꿈나무 축구단에 뽑히는 내용이었다. 열심히 축구 연습을 하는 모습은 내 평소 캐릭터와 비슷해 땀범벅이 되도록 열심히 했지만, 축구화를 선물 받아 뛸 듯이 기뻐하는 장면에서는 내가 좀 무덤덤한 성격이어서 연기하기 쉽지 않았다. 노마가 축구화를 선물 받는 에피소드 엔딩 장면에서는 좁디좁은 노마의 방에 〈전원일기〉에 출연한 거의 모든 사람들이 찾아와 축하해주고 힘내라고 응원을 해주었다. 난 아직도 그 장면을 떠올리면 열심히 살아야겠다는 의지가 샘솟는다.

지금 사는 것이 힘들고 세상이 내 뜻대로 되지 않아 고통스러워하는 사람들이 많을 것이다. 누구나 미래의 행복을 꿈꾸지만 각박한 현실이 만만치 않기 때문이다. 난 오늘의 현실에 부딪치면서도 내일의 꿈을 소중히 키워가는 사람들을 응원한다. '노마야, 힘내라!' 하고 〈전원일기〉 식구들이 외쳤던 것처럼 소리치고 싶다. 주위를 둘러보면 당신을 지켜보고 당신의 꿈을 응원해줄 사람들이 많을 것이다. 그들을 위해서라도 당신은 힘내야 한다.

한의사가 되어 전원으로 돌아오다

나의 초등학교 졸업 즈음에 〈전원일기〉가 세대교체를 하게 되었다. 아역들이 성인 연기자로 교체된 것이다. 내 스스로도 연기 활동보다는 학업에 비중을 두다 보니까 자연스럽게 연기 활동을 접게 되었다. 바다의 밀물과 썰물이 시작과 종료 사인 없이도 서로 역할을 바꾸듯 말이다. 그러나 〈전원일기〉를 통해 농촌과 함께했던 경험은 내 마음속에 남아 있었다. 지금은 그나마 사정이 좀 나아졌지만 당시 90년대 초중반 농촌 현실은 열악했다. 농촌의 많은 어르신들이 허

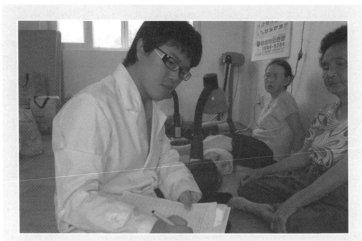
방문 진료

리, 무릎 등 근골격계 질환으로 고생하고 있었고, 병원 한번 가려면 경운기를 타고 읍내로 나가야 했다.

그런 상황들을 직접 지켜보면서 생각한 것이 많다. 처음엔 막연하게나마 '이런 분들이 제대로 병원 치료를 받아 아프지 않으셨으면, 모든 분들이 건강하게 오래오래 사셨으면 좋겠다' 고 생각했다. 그 후엔 내 스스로 보람 있고 가치 있는 일을 하고 싶었다. 어렵고 소외받는 사람들을 위해 일하고 싶다는 생각은 곧이어 한의사가 되겠다는 결심으로 이어졌다. 한의사야말로 이런 분들에게 다가가 직접적으로 도움을 드릴 수 있겠다는 생각을 한 것이다.

결심이 서자 나는 중·고등학교 6년간 정말 열심히 학업에 정진하였다. 그런데 고등학교 2학년 문과와 이과를 선택해야 할 시점에서 나는 문과를 택했다. 글쓰기, 특히 한시 짓는 것을 좋아했기 때문이다. 이미 고등학교 이과 분야의 수학까지 깊이 있게 마스터했으며, 과학 역시 서울시 고교 과학 우수학생 실험반에서 1년간 실험 실습을 통해 심도 있게 공부하였기에 새로운 문과 쪽 공부를 더 하고 싶었다. 한의대를 간다 해도 교차 지원이 가능하였고, 사실 문과적 사고가 한의학에 더 적합할 것이라 생각했기 때문이다. 나는 전국 수학능력시험을 치른 후 11월 중순에 원광대학교 한의대와 타 대학교 한의대 수시 전형에 지원했다. 당시 경희대 한의대는 이과로 입학을 제한했기에 교차 지원이 가능했던 원광대 한의대에 지원하게 된 것이다.

당시 원광대 한의대는 수능 상위 0.25% 안에 들어가야 할 정도로 커트라인이 높았고 수시 경쟁률이 28대 1로 경쟁이 치열했다. 더구나 문과 교차 지원의 경우는 점수가 아무리 높아도 수시 정원 중 30% 이내에 들어야 했기 때문에 더욱더 좁은 문이었다. 하지만 나의 고등학교 성적은 3년 내내 전체 1등으로 최상의 석차 백분율 점수를 보유하고 있었다. 또 그에 못지않게 중요했던 비교과영역 — 주로 대회 수상 경력— 에서도 전국 수학경시대회 대상과 전국 국어올림피아드 금상, 각종 백일장 수상, 그리고 무엇보다 한의학과 밀접한 관련이 있는 한문에서도 전국 대회 수상 경력이 있었기에 합격을 자신할 수 있었다.

지원자 279명 중 최종 합격자의 3배수인 30명에 선정되어 2차 수시 면접을 보게 되었는데, 긴장하거나 떨리지 않았고 면접 내내 편안한 마음이었다. 면접에서 포인트가 되었던 것이 바로 '일반사회' 분야의 질문이었다. 난 문과를 공부했고 사회 과목 역시 좋아했었기에 차근차근 자신 있고 조리 있게 대답할 수 있었다. 벌써 9년 전 일이라 질문 자체는 정확히 기억이 나지 않지만 내가 했던 대답을 떠올려보면 아마도 '집단 이기주의'에 대한 문제였던 듯하다. 그 외에도 한의학에 대한 개인적인 의견과 동의보감에 대한 몇 가지 질문들이 더 있었다.

그렇게 면접을 기분 좋게 보고 2주 후에 기다리고 기다리던 최종 합격 소식을 듣게 되었다. 다른 한의대도 물론 합격했지만 한의대로서 가장 전통이 있고 명성이 높은 원광대 한의학과를 선택하게 되었다. 나는 어린 시절부터 꿈꾸어왔던 한의대에 들어가 6년간 열심히 공부했다. 한의학 공부를 하면 할수록 생각했던 것보다 더 훌륭하고 체계적이고 매력적인 학문이라는 것을 깨달았고, 무한히 새로운 것을 배울 수 있는 아주 멋진 공부라는 생각이 들었다.

또한 오랫동안 갈고닦은 한문 실력은 내가 한의학 공부를 하는 과정에서 정말 많은 도움이 되었다. 동의보감, 내경, 경악전서, 금괴요략, 상한론 등 한문으로 되어 있는 원서를 누구보다 쉽게 가까이 할 수 있었고 이해도 수월하여 한의학 공부에 더욱더 빠져들 수 있었던 것이다.

졸업 후 국가 고시를 거쳐 한의사 면허를 획득한 후, 2009년 4월 대학교 시절 의료 봉사로 인연을 맺었던 공주에서 공중보건 한의사로 사회에 첫걸음을 내딛게 되었다. 초등학교 시절 〈전원일기〉를 찍으며 갖게 된 한의사의 꿈이 드디어 이루어진 것이다. 13년 만에 다시 전원으로 돌아온 것이다.

할머니의 선물로 초심을 되새기다

대학 시절 방학 때는 항상 경우회(원광대학교 한의과 대학 서울 향우회) 소속으로 의료 봉사를 다녔다. 특히 본과 3학년, 4학년 때 의료 봉사를 갔던 공주에서 겪었던 뜻깊은 경험은 내가 한의사로서 초심을 잃지 않게 해줄 등불이 되었다.

나는 몸이 불편해서 찾아오신 어르신분들을 보며 내가 진료를 해드리는 모든 분들의 아픔이 다 낫기를 바랐다. 그런 마음에 어르신분들이 건네는 진심 어린 감사의 인사 한 마디 한 마디가 더해져 더 열심히 진료에 임했고, 놓아드리는 침 하나하나를 통해 내 마음이 꼭 전해지길 바랐다.

본과 3학년 햇볕이 유난히 따가웠던 여름방학, 공주에서 경우회 의료 봉사를 시작하던 첫날이었다. 구민회관에서 진료를 했는데 마지막으로 침을 맞으셨던 할머니 한 분께 안녕히 가시라고, 내일 또 오시라고 인사를 드리던 참이었다. 문을 나서시던 할머니께서 주머니에서 무언가를 꺼내시더니 내 손에 쥐여주시는 것이었다. 꼬깃꼬깃한 오천 원짜리 지폐 한 장이었다.

"아닙니다, 할머니. 저희는 의료 봉사하러 온 거예요. 주시지 않아도 되니까 넣어두세요."

손사래를 치며 안 주셔도 괜찮다고 재차 말씀드렸지만, 할머니께서는 막무가내셨다.

"선생님한테 침을 맞고 아프던 무릎이 싹 다 나았어요. 내가 고마워서 그러는 거니 받아둬요."

"아니에요, 할머니. 여기 도로 받으시고 조심히 들어가세요."

나는 할머니께 돈을 돌려드렸지만 여전히 할머니는 연신 허리를 숙이며 사양하셨다.

"아유, 선생님. 더운데 주스, 아니 사이다라도 사 드세요."

할머니는 끝내 돈을 접어 내 가운 주머니에 넣으시고는 황급히 나가시는 것이었다. 아마 내가 따라가 돈을 돌려드릴까 봐 그랬을 것이다.

난 허겁지겁 돌아가시는 할머니를 뒤쫓을 수도 있었지만 그러지 않았다. 돈을 돌려드리기 위해 잡았던 할머니의 주름 많은 손이 '그

냥 받아두라고, 그 편이 내 마음을 더 기쁘게 해주는 거'라 말하는
듯싶었다.

내가 끝까지 돈을 돌려드린다면 할머니가 표현하고 싶었던 고마
운 마음을 무시하는 것일지 모른다. 그 마음을 감사히 받는 것까지
가 최고의 봉사라는 생각이 들었다.

오천 원 지폐 사건 이후, 남은 의료 봉사 기간은 여느 때보다 보
람을 느끼며 열심히 진료에 매진했다. 그리고 의료 봉사 마지막 날
이었던 것으로 기억한다. 환자 진료를 모두 마치고 숙소로 돌아가는
길에 건너편에서 허겁지겁 달려오는 남자분을 만났다. 그분은 두리
번거리며 살피더니, 나에게 다가왔다.

"김태진 선생님 맞으시죠?"

"예, 그런데요."

"아, 안녕하세요. 기억하실지 모르겠는데요. 전 엊그제 무릎 치료
를 받으셨던 ○○○할머니 아들입니다."

의료 봉사 첫날 나에게 돈을 쥐여주셨던 할머니의 자제분인 듯
했다.

"아, 안녕하세요. 할머니 무릎은 괜찮으시죠?"

"그게 말입니다…."

그 순간 걱정이 물밀 듯 밀려오기 시작했다.

"무슨 일 있나요?"

"이번엔 어머니가 아니라 옆집 할머니신데, 논길에서 삐끗해서 여기 오시지도 못하고 있어서요. 제 어머니가 자꾸 선생님께 부탁 좀 드려보라고 해서 부랴부랴 달려왔습니다. 선생님께 침 맞고 어머니 무릎이 나으셔서 꼭 선생님이 오셔야 된다고 해서요…."

순간 난 가슴이 뜨거워지고 콧등이 시큰해짐을 느꼈다.

"제가 지금 가겠습니다."

"선생님, 고맙습니다. 어머니께서 정말 좋아하실 겁니다."

진료는 이미 끝났지만 선배에게 상황을 설명하고 침과 부항 등을 챙겨 한달음에 달려갔다. 다치셨다는 할머니께선 부은 무릎을 부여잡고 끙끙 앓고 계셨다. 난 지체 없이 무릎 부위에 사혈을 하고 침을 놓아드렸다.

"어혈을 빼고 침을 놓아드렸으니 통증은 많이 가실 겁니다. 제가 드리고 가는 약 챙겨 드시면 금방 나으실 거예요. 다음부턴 조심하시고요."

"아이고, 선생님. 이렇게 와주시고. 정말 고맙습니다."

내게 지폐를 건네셨던 할머니께서 더 고마워하셨다.

"전 저번에 침 맞고 나서 아주 좋아졌어요. 그래서 제가 꼭 선생님을 모셔 오라고 우리 아들한테 시켰어요. 오시느라 고생하셨죠?"

"아유, 아닙니다. 많이 좋아지셨다니 다행이네요. 그럼 푹 쉬세요."

침을 다 맞고 내 손을 꼭 잡는 할머니의 주름 잡힌 눈가에도 눈물이 어려 있었다. 그걸 보는 내 가슴에도 무언가가 벅차오르는 게 느껴졌다. 할머니는 나를 향해 큰 미소를 지어 보이시며 고개를 끄덕이셨다. 그 행복한 미소는 앞으로 내가 어떤 마음으로 환자를 대해야 하는지에 대해 깊은 깨달음을 주었다.

지금도 난 할머니께 받았던 오천 원을 소중히 간직하고 있다. 그 꼬깃꼬깃한 지폐는 나에게 단순히 돈의 의미가 아니기 때문이다. 그것은 나에게 '초심을 잃지 않고 진심으로 환자를 생각하는 인술을 펼치라'는 가르침이다. 나는 지금도 종종 그 지폐를 꺼내 보고 좋은 한의사가 되겠다는 마음을 되새긴다. 환자를 위한 따뜻한 진심. 그것은 꼭 전해지기 마련이다. 누구에게나.

노마의 꿈은 계속된다

드라마 〈전원일기〉는 내게 한의사의 꿈을 꾸게 해주었을 뿐 아니라, 더 큰 선물을 주었다.

나와 환자 간에 '라뽀'가 잘 형성된다는 점이다. '라뽀'는 프랑스어로 환자와 의사 간의 심리적 신뢰 관계를 뜻하는 말이고, 라뽀가

강하면 강할수록 치료 효과도 좋아진다고 알려져 있다.

몇 개월 동안 눈이 아파 고생하시던 분이 한 번의 치료로 바로 좋아지신 경우를 비롯해, 극심한 관절 통증이 정말 좋아졌다고 말씀하시는 분들을 보면서 라뽀가 정말 치료 효과에 기여하지 않았나 생각해본다. 〈전원일기〉를 통해 농촌의 삶을 이해하고, 그분들의 아픔에 공감할 수 있었기에 환자와 의사를 넘어서는 인간적 유대감을 쌓을 수 있었던 것 같다.

〈전원일기〉는 특히 농촌 어르신들께 의미가 각별한 드라마였다. 극 중에서 어려운 가정 형편을 딛고 열심히 살았던 노마가 한의사가 되어 돌아온 모습을 보며 자신의 손자가 잘된 것처럼 대견해하시고 흐뭇해하셨다. 내가 진료 가는 날을 손꼽아 기다리시고 고마워하시는 그런 분들을 보면서 힘들어도 진짜 힘이 나고 보람을 느꼈다. 마음은 더 자주 찾아뵙고 싶은데 방문해야 할 곳도 많고 환자분들도 많기에 한 달에 한 번 방문이 고작이었다. 그분들은 눈이 빠지게 나를 기다렸다고 하셨다. 아쉽고 감사할 따름이다. 내게 진심으로 고마워하시는 분들을 보면 오히려 내가 이렇게 도움을 드릴 수 있음이 정말 감사하고 소중한 일이라 여겨진다.

아역 배우로서 자신이 맡았던 캐릭터를 싫어하고 벗어나고 싶어하는 경우도 있겠지만 난 정반대다. 내게 있어 〈전원일기〉는 꿈을 심어주고, 그 꿈을 키워준 은인이다. 더구나 '노마'는 어려운 환경을 극복하고 열심히 살며 부모에게 효도하는 속 깊은 아이였다. 내가 국민 아들 '노마'로서 모든 분들에게 희망과 감동을 드릴 수 있었음을 정말 감사하게 생각한다.

　이제 나는 진정으로 환자를 생각하는, 인술을 제대로 펼치는 한의사가 되고 싶다. 가슴이 따뜻한 한의사, 몸과 마음을 모두 치료할 수 있는 한의사가 될 것이다. 그래서 소외되고 어려운 사람들에게 건강과 웃음을 찾아드릴 것이다. 지금까지 해왔던 것처럼 최선을 다해 이 세상에서 가장 좋은 약은 사랑인 것을 보여줄 것이다. 진심은 꼭 전해지기 마련이니까.

PART
_2_

공부 이야기

나는 이렇게 공부했고, 이렇게 성취했다

전원일기 노마에서 한의사로 돌아온 김태진의 열혈 공부 이야기

나는 언제나 전교 1등이었다

사람들은 연예인에 대해서 꽤 견고한 선입견을 가지고 있다. 머리가 좋지 않을 것이고 공부에 관심이 없고 성적도 형편없을 것이라 생각한다. 나와 같은 아역 탤런트에 대해서도 다르지 않다. 가끔 사람들은 내가 중·고교 시절 전교 1등을 놓치지 않았으며 한의사가 되었다는 사실을 알면 놀라움을 표하거나 고개를 갸우뚱한다. 그럴 리가 없다는 거다.

하지만 내 생각은 다르다. 삶에 열정적이고 목표를 위해 노력할 줄 아는 사람들은 무슨 일이든 잘 해낼 수 있다. 그것이 연기든 공부든. 내가 이 책을 쓴 이유가 여기에 있다.

많은 사람들에게 추억의 드라마 속에 나왔던 아역 탤런트로 기억되는 내가 어떻게 공부해서 내 꿈을 이루었나를 알려주고 싶었다. 유명 학원 강사가 알려주는 족집게 공부법도 아니고, 과학적으로 검증된 학습 방법론이 아닐지는 모른다. 하지만 내가 어떤 시행착오와 어떤 정리 과정을 거쳐 비법이라면 비법이라고 할 수 있는 공부 방법들을 체득했는지 알려주고 싶었다. 지금도 책상머리에서 공부와 씨름하고 있는 학생들에게 먼저 그 길을 거쳐간 선배로서 해야 할 의무라고 생각하기 때문이기도 하다. 이후에 나오는 내용들은 내가 〈전원일기〉의 노마 시절부터 한의대 합격까지 공부해온 여정을 하나하나 기록한 작은 역사이다. 이것을 참고해 많은 후배들이 자신만의 공부 포트폴리오를 완성하고 마음속에 간직한 각자의 꿈들을 이루기를 바란다.

나는 큰 시험을 두려워하지 않았다

난 초등학교 2학년 때 전국 한자경시대회를 시작으로 해마다 대교, 해법수학, 재능교육, 어린이회관 등에서 주최하는 한자 대회나 수학올림피아드 등에 출전했다.

전국 수학경시대회
대상 시상식
(1995)

　전국 규모의 대회에 나가면 각 학교 대표들로 나온 우수한 학생들이 가득했다. 시험 문제는 난이도가 높고 시험 시간 역시 빠듯했지만 나는 자신감이 있었다. 그만큼 완벽한 대비를 해왔고 항상 실전처럼 공부해왔기 때문이었다.

　그 결과 전국 한자경시대회에서 대상 4회, 해법수학에서 주최하는 전국 수학경시대회에서 2년 연속 대상, 재능교육 전국 수학올림피아드 대상, 어린이회관 주최 수학경시대회 대상을 거머쥐었다

　많은 대회에 출전하면서 시험에 대한 부담감을 떨쳐버릴 수 있었다. 오히려 골프 선수가 세계 투어를 하는 기분으로 대회에 출전했다.

　중·고등학교 시절에도 마찬가지였다. 정상에 오르는 것보다 지

전국 수학올림피아드 수상   전국 한문경시대회(1992. 11. 19)

초등학교 2학년 때

키는 것이 더 어렵다는 사실을 마음속에 새기며 나의 빈틈을 메우기
위해 끊임없이 노력했다. 그리하여 성균관대학교 주최 한문경시대
회 2년 연속 대상, MBC 주최 전국 수학경시대회 대상, 중앙일보와
한일 양국이 공동개최한 GMC(Global Mathematics Championship) 1
위, 한국수학학력평가원 주최 수학경시대회 금상이라는 빛나는 성
과를 거두었다.

　이렇게 무수히 많은 전국 대회를 경험하고 나니 어떤 시험이든

부담 없이 내가 가진 실력을 제대로 발휘할 수 있게 되었다.

　시험은 많이 치르면 치를수록 좋다. 그것이 경시대회든 모의고사
든. 일반적으로 모든 사람들은 시험에 대해 스트레스를 갖기 마련이
다. 하지만 큰 시험을 자주 치르다 보면 두려움이나 부담감은 사라
지고 오히려 즐거운 마음으로 임할 수 있게 된다. 자신이 공부를 해
나가는 데 있어 새로운 동기 부여도 된다. 마치 운동선수가 게임을
즐기듯 말이다. 모의고사의 경우 자신의 현재 위치, 부족한 점, 그리
고 앞으로의 가능성 등을 타진해볼 수 있기에 자신의 발전을 위해서
라면 두려워할 필요가 없다.
　야구를 예로 들어보자. 야구 선수에겐 플레이오프나 한국시리즈
같이 큰 경기를 많이 치른 경험이 아주 중요하다. 실제로 큰 경기 경
험이 많은 선수들이 중요한 순간에 제 역할을 해주는 반면, 실력이
좋아도 경험이 일천한 선수들은 중요한 승부처에서 부담감을 이기
지 못해 실책을 하거나 몸에 힘이 들어가 자기 스윙을 하지 못하는
경우를 많이 본다.
　공부도 마찬가지다. 큰 시험에 자주 도전하라. 그러면 자신의 강
점과 약점이 파악되고, 그것을 토대로 전략을 세울 수 있어 한 걸음
한 걸음 발전해나가는 자신을 발견할 수 있을 것이다.

나는 국제 수학올림피아드 국가 대표였다

"엄마, 여행 가방 어디 있죠? 해외여행용, 바퀴 달린 것 말이에요."

중학교 1학년이었던 나는 집 현관을 박차고 들어가며 국제 수학 올림피아드 중등부 국가 대표로 뽑혔다는 소식을 전하기 전에 여행용 가방부터 찾았다.

국가 대표로 뽑힌 것도 기뻤지만 생전 처음 외국에 가게 된다는 생각에 내심 더 기쁘고 설레었던 것이다.

서둘러 책상에 앉아 여행 준비물 목록을 열심히 쓰고 있는 내게 어머니가 작은 배낭 하나를 던져주셨다. 평소에 학교에 메고 다니던 가방보다 조금 큰 배낭이었다. 그리고 난 어머니께서 내민 한 장의 공문에 아쉬움을 금할 수 없었다.

'개최 장소, 서울'

내 가슴속에서 풍선처럼 크게 부풀어 올랐던 기대의 바람이 피식 하고 빠져나가는 소리가 들리는 듯했다. 하지만 난 이내 마음을 차분하게 가라앉혔다. 큰 목표를 잊고 잠시 흐트러졌던 내 행동에 스스로 실소(失笑)하면서. 그리고 국가 대표의 명예와 가치를 더 크게 마음속에 되새겼다. 국가 대표로서 외국의 학생들과 경쟁하여 이기 겠다는 새로운 승부욕과 막중한 책임감이 마구 솟구쳤다.

1997년 서울국제수학경시대회

한일 민간외교사절단
으로 일본 방문 시

일본 방문 시 팀장으로
호텔에서 하루 일과를
기록

그 후 중학교 3학년 때 민간외교사절단으로 뽑혀 전액 국비로 문화교류 차원의 일본 연수를 가게 됨으로써 해외여행에 대한 나의 꿈은 이루어졌다. 첫 번째 해외여행에서 나는 적극적으로 보고 듣고 견문을 넓히기 위해 노력했다. 이렇게 소중한 기회를 최대한 내 자신을 발전시키는 데 도움이 되도록 하고 싶었다. 5박 6일 동안 일본의 교토, 오사카, 나라 등을 돌며 역사적, 문화적 견문을 넓히며 그동안 무심하게 지나쳤던 것들에 대해 깊이 생각해보는 시간을 갖게 되었고 나의 사고와 시야를 한층 넓히는 계기가 되었다.

나는 독학으로 수학경시대회를 휩쓸었다

사람들은 사교육의 힘을 전혀 빌리지 않고 공부를 잘한다는 말을 믿지 않는다. 해마다 '학원 한 번 가지 않고 수능에서 전국 1, 2등을 했다'는 인터뷰 기사에 코웃음을 치기도 한다. 그러나 나는 믿는다. 내가 직접 경험하고 이룬 일이기에.

보통 이름 있는 학교들은 학교의 명예를 높이는 방법으로 우수한 학생들을 모집해 수학경시 특별반을 운영한다. 학교 성적을 올리기 위한 일반 수학 학원이 있는가 하면, 각종 수학경시대회만을 대비하는 전문 학원이 성업 중이고, 어떤 학생들은 특별 과외를 받기도 한다. 하여간 혼자 힘으로 공부해 수학경시대회에서 좋은 성적을 낸다는 것은 거의 불가능한 일로 여겨지는 것이 현실이다. 나는 이런 고정관념을 통쾌하게 깨뜨렸다.

◆ 독학 VS 수학경시 특별반

나의 전국 수학경시대회 첫 출전은 초등학교 5학년 때이다. 그 당시 전국 수학경시대회가 초등부는 5, 6학년만을 대상으로 했기 때문이다. 5학년 때 대교 주최 전국 수학올림피아드 금상을 시작으로 전국 해법수학 수학경시대회 대상, 6학년 때는 전국 해법수학 수학경시대회 대상, 재능교육 주최 전국 수학경시대회 대상, 어린이회관 주최 전국 대회 대상 등 사실상 모든 대회의 대상을 휩쓸었다. 전국 수학경시대회들의 대상 수상자들이 각기 다른 것이 일반적인데 내가 거의 모든 전국 대회 1등을 독식해버린 것이다. '도대체 누구냐?', '어느 학원을 다니느냐?', '어느 학교냐?' 등의 관심이 집중되는 것이 이상할 것도 없었다.

그 당시 수학경시대회 수상자들을 보면 학교별로 편중되어 있는 경우가 대부분이었다. 특화된 수학경시반을 전문적으로 운영하여 전국 수학경시대회 수상자들을 배출하는 형식이었다. 각 학교별로 얼마나 많은 수상자를 배출하느냐, 특히 어느 학교에서 대상 수상자

전국 수학경시대회 및 한문, 국어경시대회 수상 상패들

를 내느냐가 중대한 자존심 대결이었던 것이다.

하지만 나는 그런 것들과 전혀 상관이 없었다. 당시 내가 다니던 초등학교는 수학경시반은 고사하고 전국 수학경시대회 자체에 관심이 없었다. 경시대회 일정이나 접수 등은 부모님께서 알아서 해주셨다.

전국 한자경시대회 역시 마찬가지였다. 집중적으로 학교에서 전국 대회를 대비해 한자 공부를 시키고 따로 모의시험까지 치르는 등 심혈을 기울인 학교들이 많았다. 그러나 내가 매번 전국 한자경시대회에서 대상을 차지하니, 나에 대한 관심과 놀라움이 증폭되었고 앞다투어 나의 공부 비법을 알아내려고 애썼다. 입장을 바꿔 생각해보면 전국 대회 대상을 번번이 놓친 다른 학교들로선 내가 상당히 얄미웠을 것이다. 심지어 전학 제의까지 받게 되었다. 한문 역시 수학과 마찬가지로 내가 다니던 초등학교에서는 전혀 관심이 없었고 수학, 한문 모두 독학을 통해 전국 최고의 자리에 오른 것이다.

전국 수학경시대회, 한문경시대회 모두 대상을 수상하게 되면 그 학교에 지도학교상, 지도교사상이 따라온다. 상패와 부상 그리고 장학금까지 말이다. 내가 전국 대회에서 수상을 할 때마다 우리 학교는 지도학교상을 받게 되었고, 담임 선생님도 지도교사상을 받았다. 그것도 여러 차례나. 지금도 모교에 가보면 지도학교상의 상패들과 부상으로 받은 커다란 벽시계들이 복도와 교무실, 교장실까지 장식되어 있다. 그것을 보면 그 시절이 떠올라 나도 모르게 미소가 지어지곤 한다.

◈ 독학 VS 전문 학원

수학경시대회에서 수상하기 위해서는 각 학교도 학교지만 수학올림피아드 대비로 특화된 거대한 학원과 맞대결을 펼쳐야 했다. 중·고등학교에 진학해서도 난 여전히 독학으로 전국 대회에 참가했다. 그러던 중 전국 대회 최상위권 학생들의 대부분이 강남의 A학원(A는 학원 이니셜이 아님을 밝혀둔다) 출신이라는 소문을 듣게 되었는데,

어느 날 그 학원 측에서 나에게 연락을 해왔다. 쉽게 말해 일종의 스카우트 제의였다. 하지만 난 그럴 필요성을 느끼지 못하였고, 강남까지 왕복 3시간이 넘는 시간을 소요해야 되니 오히려 시간 낭비가 크다고 판단해서 정중히 거절하였다. 그래서였을까? 그동안도 물론 그래왔지만 그 후 나를 더욱더 집중 타깃으로 여기고 있음을 느낄 수 있었다.

난 서울대학교 영재 1기생으로 선발되어 매주 토요일마다 서울대의 훌륭하신 수학 교수님들과 공부를 하게 되었다. 약 20명 내외의 수학 영재반 학생 중 절반 이상이 A학원 출신이었다. 같은 학원 출신들은 그들끼리 아주 끈끈한 관계였다. 그들 입장에서 나는 뛰어넘어야 할 대상이었고, 자신들의 학원 스카우트 제의를 거절하고 혼자 공부해 정상의 자리에 오른 얄미운 존재였다. 나를 꺾어야겠다는 경쟁 심리는 일반적으로 생각하는 그런 수준 이상이었다. 밥 먹을 때나 휴식 시간에도 자기들끼리만 뭉치고 철저히 나를 따돌렸다. 심지어 수업이 끝나고 축구 시합을 할 때도 A학원 vs 非A학원으로 시합을 했다. 非A학원의 인원수가 오히려 부족한 상황이었다. 축구 시합에서 A학원 팀이 상당히 조직력이 좋고 깔끔한 패스가 이루어지는 것을 보며 속으로 놀랐다. 여담이지만 나중에 알고 보니 평소에도 그 멤버로 축구 경기를 하면서 손발을 맞춰온 것이었다. 혹시나 했는데 역시나였다.

◈ 수학 증명 배틀(Battle)에서 독학 승(勝)

고등학교 방학 때 전국에서 단 10명만을 선발하는 〈KAIST 전국 수학캠프〉에서 교육을 받았다. 교수님이 칠판에 수학 증명 문제를 적으시고 그 자리에서 해결해보라고 하셨다. 약 15분 정도의 시간이 흘렀고, 그 10명 중에 나와 또 다른 학생이 손을 들었다. 나와 그 학생은 바로 칠판 가운데에 커다란 선을 그어 나누고 그 자리에서 문제를 증명하기 시작했다. 소위 수학 배틀을 벌인 것이다. 각자 문제를 다 풀자 교수님께서는 양쪽 칠판 답안을 천천히 살펴보셨다. 교

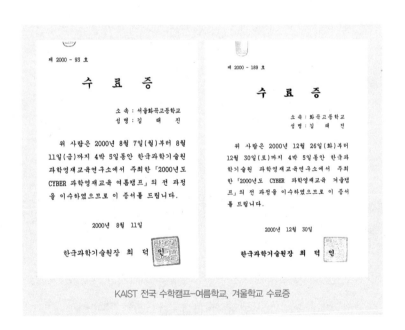

KAIST 전국 수학캠프-여름학교, 겨울학교 수료증

55

수님께서는 내가 풀어낸 증명을 보시고 "기본기에 충실하고 탄탄하면서 처음 시작부터 증명의 결론까지 흐름이 자연스럽고 수학적 논리가 완벽하다"고 평가하셨다. 반면 상대 학생의 증명에 대해서는 "기본보다는 잔테크닉과 기교에 의존한 증명으로 본질적인 것을 다시 증명하지 않는 것은 감점 요인이다"라고 하셨다. 쉽게 말해 어떤 특정한 수학자가 만든 정리나 원리 등은 그것이 일반적인 내용이 아닌 이상 기본 원리를 사용하여 증명하여야 하는데 상대 학생은 그렇게 하지 않았던 것이다. 결국 수학 증명 배틀에서 내가 이긴 것이다.

그 학생은 모 과학고 학생으로 앞에서 언급한 강남 A학원 출신이기도 하였는데, 그러한 방법론의 차이는 어쩌면 당연한 것이 아닌가하는 생각이 든다. 나는 기본 단계의 책부터 최고 수준의 문제집들까지 모두 스스로 풀어나갔고 깨쳤다. 이러한 과정에서 내 스스로 끊임없이 연구하고 사고하는 시간을 많이 가질 수 있었던 것이다.

나는 문과·이과 모두의 적성을 갖추었다

일반적으로 문과 적성의 사람들은 수학 등 이과적 과목에서 어려움을 겪고, 반대로 이과 적성의 사람들은 글쓰기나 언어 영역에서 어려움을 겪을 수밖에 없다. 문과 적성 또는 이과 적성의 어느 한 쪽만 발달시키게 되면 학습의 불균형이 생기게 되고 점차 다른 한 쪽은 소홀히 하게 되어 공부의 한계에 부딪히게 된다. 공부를 하는 과정에 있어 양쪽을 고르게 발달시켜야 시너지 효과를 발휘하여 학습 능력과 효율이 극대화된다.

난 내 자신이 '이과성 문과'라고 생각한다. 선천적인 문과 적성에 초등학교 때부터 전국 수학경시대회 대상을 받을 만큼 수학 공부를 하였고, 더불어 한자와 한문 공부 역시 전국 최고 수준까지 하였기에 문과와 이과적 두뇌 발달을 모두 극대화할 수 있었다.

수학은 모든 학문의 기초다. 대부분의 사람들이 수학이 실생활에서는 전혀 쓸모없는 학문이라 생각한다. 또 단순히 좋은 대학을 가기 위해 어쩔 수 없이 해야 하는 과목이라 여기는 학생들이 의외로 많다는 것은 정말 큰 문제가 아닐 수 없다. 수학은 우리가 삶을 살아나가는 데에 반드시 필요한 사고력과 논리력, 이해력을 길러준다. 그렇기 때문에 수학이 매우 중요한 것이고 수학을 잘하게 되면 깊은 사고력과 이해, 논리력을 바탕으로 다른 과목 역시 쉽게 제대로 해낼 수가 있다.

문과적 적성, 즉 언어 영역과 문학적 감성도 꼭 필요한 미덕이다. 다른 과목들을 공부할 때도, 더 나아가 우리의 삶 속에서도 사고력과 논리력만으로 해결되지 않는 일들이 상당히 많다. 그런 부분에 있어 우리에게 필요한 것은 바로 풍부한 상상력과 감수성이다.

난 초등학교 때부터 한자 공부를 열심히 해왔다. 중·고등학교 때는 주옥같은 고전을 통해 한문 공부를 하였으며, 나의 감성을 한시로 표현하는 훈련을 해왔다. 그 결과 백일장에서 1등을 차지하였고 한자와 한문 공부를 바탕으로 전국 국어올림피아드에서 금상을 차지할 수 있었다.

문과적 공부와 이과적 공부를 균형 있게 하여 좌뇌와 우뇌를 고르게 발달시키자. 그리하면 서로 부족한 부분을 채워주고, 나아가 시너지 효과를 일으켜 모든 학습에 커다란 긍정적인 영향을 미칠 것이다.

내 실력의 절반은 한자였다

한자의 중요성은 실로 상당하다. 우리말의 약 70%가 한자로 이루어져 있기 때문이다. 뜻글자인 한자를 통해 어휘를 공부하게 되면 어려운 단어라도 그 의미를 정확하게 알 수 있고 단어의 활용이나 쓰임새 등도 제대로 파악할 수 있다. 음이 같은 단어의 경우, 한자로 표기하지 않으면 어떠한 단어인지 분간하기 어렵고 비슷한 단어의 경우 한자를 통해 그 미세한 차이를 정확하게 알 수 있다.

상 장

금 상   화곡고등학교

국어 고등 2학년 부문   김 태 진

위 학생은 조선일보사 소년조선일보와 (주)대교가 공동으로 주최하고
교육인적자원부가 후원한 2001년도 제12회 한국영재올림피아드에서
위와 같이 입상하였기에 격려의 뜻으로 상장과 부상을 수여합니다.

2001년 7월 21일

조선일보사 소년조선일보
발행인 방 상 훈   대표이사 이 승 우

후원: 교육인적자원부 한국수학교육학회, 한국어교육연구회, 한국영어교육학회

한국영재올림피아드
국어 부문—금상

따라서 한자에 능통하면 어휘력과 이해력이 좋아지고, 속독과 정독이 동시에 원활히 이루어질 수 있다. 그뿐만 아니라 암기를 쉽게 할 수 있고, 기억도 오래가게 된다.

내가 모든 과목들의 공부와 암기를 잘 해낼 수 있었던 기본은 바로 수학과 한자라고 할 수 있다. 수학을 통한 사고력과 논리력, 한자와 한문을 통한 어휘력과 문장력이 서로 시너지 효과를 강하게 이루어 모든 과목에 긍정적 영향을 미친 것이다.

고등학교 2학년 때의 일이다. 전국 국어올림피아드 대회에 학교 대표로 나가게 되었다. 사실 국어올림피아드라는 대회의 성격도, 국어라는 과목의 특성도 특별히 대회를 준비한다는 개념이 없었다. 어떤 식으로 문제가 출제되는지 알지도 못하는 상황이었고 설령 안

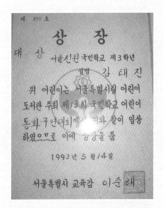

서울시 어린이 동화구연대회(1993) 대상

다고 해도 암기 과목이 아니기 때문에 공부할 방법이 별로 없었다.

아무튼 그렇게 전국 국어올림피아드 대회에 응시하게 되었고, 정말 편안한 마음으로 문제를 풀었다. 그냥 내가 전국에서 어느 정도의 국어 실력을 가지고 있는지 확인해보고자 하는 마음으로 참가한 것이다. 시험이 시작되었고 편한 마음으로 집중력 있게 차근차근 문제를 풀어나갔다. 크게 어렵게 느껴지지는 않았고 무난하게 시험을 마쳤다는 정도의 생각을 가졌다.

그러고는 한동안 대회 자체를 잊고 학교를 다니던 중 한 통의 전화를 받게 되었다. 바로 전국 국어올림피아드 금상이라는 소식이었다. 난 금상이라는 말을 듣는 순간, 무슨 대회를 말하는 건지 잠시 헷갈렸다. 솔직하게 다른 수학경시대회인 줄 착각할 정도였다. 전국 국어올림피아드를 제외한 각종 전국 수학경시대회에 계속 출전하고 있었기 때문이었다.

전국 국어올림피아드 금상 수상은 내게 큰 의미를 가진 사건이었다. 그냥 별생각 없이 본 시험임에도 그동안의 한자와 한문 공부가 국어 실력 향상에 얼마나 크게 기여하였는지 깨닫게 된 것이다. 물론 어느 정도 어머니께 물려받은 문학적 소양과 어렸을 적 어머니께서 들려주신 동화구연의 영향도 있었겠지만 말이다.

전국 한자경시대회 대상 4회를 거머쥐었다

앞서 밝혔듯이 나는 초등학교 2학년 때 전국 한자경시대회에 첫 출전을 했다. 당시 전국 한자경시대회는 상급부, 중급부, 하급부로 나누어져 있었고 1~3학년까지의 하급부에 첫 출전한 것이다. 총 100문제로 구성되어 있고 독음, 훈음, 주어진 단어 한자로 쓰기, 장단음, 고사성어 및 사자성어 한자로 쓰기 등 객관식이 없이 대부분 한자를 쓰는 시험으로 이루어져 있었다. 그 첫 대회에서 나는 위 학년을 제치고 당당히 대상을 수상하게 되었고, 그 결과 재능 한자 모델로까지 활약했다.

이듬해 3학년 때는 하급부에 나갈 수도 있었지만 바로 중급부 대회에 나갔다. 하급부보다 한자 범위가 훨씬 넓었고, 아무래도 준비가 부족한 탓이었을까? 아쉽게도 대상을 놓치고 2등을 하게 되었다. 대상은 다른 4학년 형이 받았다. 물론 3학년으로 2등을 차지한

전국 한자경시대회
초등2학년 하급부 대상

전국 한자경시대회
초등4학년 중급부 대상

전국 한자경시대회
초등5학년 상급부 대상

전국 한자경시대회
초등6학년 상급부 대상

것이 객관적으론 매우 훌륭한 성적이라 할 수 있었지만 난 1등을 놓친 것이 너무나 아쉬웠다. 내년엔 더 완벽하게 공부해 무조건 1등을 하겠다고 마음속으로 굳게 다짐했다.

4학년이 되어 출전한 중급부에서는 가볍게 대상을 수상했다. 5학년 때는 상급부에 출전했는데 그해 유난히 상급부 시험이 어려웠다. 그렇지만 난 배우지 않은 단어들도 정확하게 한자로 써낼 수 있었다. 배우지 않은 단어였지만 한자로 써냈던 문제 중 생각나는 것이 〈타계〉, 〈방정〉, 〈행사〉 등이다.

타계(죽음을 높이어 이르는 말)의 경우 '세상을 달리하는 것, 즉 다른 세계인 것이니 他(다를 타)와 界(지경 계)를 쓰겠구나'라고 생각하여 답안을 써내었다. 방정은 일상생활에서 별로 쓰이지 않는 말로 '품행이 방정하다'라고 할 때 주로 쓰이는데 '방'이 어떤 글자를 쓸까 계속 생각을 하다가 '方'이 '모 방' 즉 모라는 것은 반듯한 이미지이기 때문에 반듯하고 바름이라는 뜻으로 적합하다고 생각하여 풀었다.

행사의 경우, 이 문제에서 물은 행사는 일을 뜻하는 行事가 아니라 '권리를 행사하다, 투표에서 한 표를 행사하다'라고 할 때 쓰이는 행사였다. 그래서 '사'를 생각하면서 '권리를 행사하는 것은 그 권리를 사용한다는 의미이므로 '사용'이라는 단어의 '사'를 쓰겠다'라고 생각하여 行使라고 써내었다.

그해에는 독음이나 장단음, 고사성어 등도 상당히 어렵게 나왔는데, 난 함정에 빠지지 않고 정확히 풀 수 있었다. 대회가 끝난 후 발표한 통계를 보니, 전체 평균과 상위권의 평균이 큰 폭으로 떨어졌다. 하지만 난 공부도 완벽하게 했고, 응용력도 갖추었기에 6학년들을 제치고 당당히 대상을 차지했다. 3번째 대상을 차지하는 순간이었다. 6학년이 되었다. 난 매년 해오던 대로 공부를 하였고, 마치 일상생활이 된 듯한 편한 마음으로 시험을 보았고, 결국 4번째 대상을 수상했다. 그 당시까지 역대 대회를 통틀어 대상을 2번 수상한 사람조차 없었는데, 내가 매 대회 나갈 때마다 대상을 차지하자 이 대회를 대대적으로 준비하고 있는 학교들로부터 전화가 쇄도했다. 어떤 비법이 있는 건지 궁금했던 모양이다.

내가 전국 한자경시대회에서 독보적인 성적을 거둘 수 있었던 것은 시험을 철저히 대비해 열심히 공부한 것뿐 아니라 이후 설명할 '연상법 암기'와 '한자로 일기 쓰기' 같은 방법을 꾸준히 실천했기 때문이다.

나는 고전으로 삶의 가치관을 배웠다

중학교 올라가면서 나는 한자 공부에서 한발 나아가 한문 공부를 시

작하였다. 중학교 3학년까지
한문 교과서에 실린 내용은 사
실 초등학교 때 완전 마스터한
내용에 불과하였고 따라서 학
교 한문 시험은 특별한 공부
없이 쉽게 100점을 맞을 수 있
었다.

난 명심보감, 사서(논어, 맹자,
대학, 중용), 옛 한시들을 모아놓
은 고문진보(중국의 詩文選集. 주

전국 한문경시대회대상 중등부(1999년)

(周)나라 때부터 송(宋)나라 때에 이르는 고시(古詩), 고문(古文)의 주옥편(珠玉
篇)을 모아 엮은 책) 등의 원문을 공부하며 자연스럽게 한문의 구조, 다
양한 문법과 독특한 표현들을 익혀나갔다. 특히 이런 고전들에는 정
말 가슴에 와 닿고 평생을 간직하고 실천해나가야 할 주옥같은 문장
들이 너무나도 많았다. 그런 문장들을 하나하나 배워나가면서 단순
한 한문 공부가 아닌 삶의 올바른 방향, 사회와 국가에 대한 바른 사
고와 참된 가치관들을 마음속 깊이 새기게 되었다. 중학교 때는 가
장 큰 대회인 성균관대학교에서 주최하는 전국 한문경시대회에 출
전하였다. 학년별로 나누지 않고 중등부 전체를 대상으로 대회가 치
러졌는데, 1학년 때는 아쉽게 1등을 놓쳐 우수상을 수상하였다. 당
연히 수상자 대부분이 3학년이었다. 하지만 2학년 때는 중학교 3학

년을 제치고 대상을 수상하였고 3학년 때도 역시 대상을 받아 2년 연속 중등부 전체 1등을 차지하였다.

한시 1등의 부상은 금강산 여행이었다

고문진보와 우리나라의 빼어난 한시들을 읽으며 나는 어느새 한시의 매력에 흠뻑 빠지게 되었다. 시인이신 어머니를 닮아서인지 나는 초등학교 때부터 시 쓰기를 좋아했고 백일장 운문 부문에서 상을 타곤 했다. 중학교 3학년 무렵부터 한시를 읽고 감상하는 것을 넘어 한시로 떠오르는 시상(詩想)을 표현하기 시작했던 것 같다. 그렇게 틈틈이 한시를 쓰면서 독창적인 시적 표현들이 일취월장 성장하게 되었고, 선생님들께도 많은 칭찬을 받았다. 그 후 중·고등학교 백일장에 한시로 작품을 내기 시작했다. 그렇게 출품한 한시로 교내 백일장은 물론, 학교 대표로 나간 교육청 백일장에서 수상하기도 했다. 그러던 중 고등학교 2학년 때, 한민족공동체의식함양을 위한 백일장에서 통일을 주제로 한시를 쓰게 되었다. 이 대회에서 1등을 차지했고 생각지도 못했던 '금강산 여행'이라는 부상을 받게 되었다.

오른쪽의 한시가 바로 한민족공동체의식함양을 위한 백일장에 출품한 한시이다.

統一之花

김태진

昨冬強雨而風吹

裸木桓桓忍待春

溫暖春陽與誠護

花花滿發明諸世

昨久歲有多悲痛

吾等恒不忘一念

今吾等俱開心門

不遠日可開其花

지난겨울 모진 눈보라 속에

앙상한 나무들은 꿋꿋이 참고 봄을 기다렸네

따스한 봄볕과 정성 어린 보살핌으로

온갖 꽃들은 활짝 피어 온 세상 밝혀주네

지난 오랜 세월 동안 수많은 슬픔과 아픔이 있었지만

우리는 언제나 한결같은 마음으로 잊지 않았네

이제 우리 함께 마음의 문을 열었으니

머지않아 그(통일) 꽃을 피울 수 있으리

나의 목표는 오직 1등이었다

예전에 한 개그 프로그램에서 '1등만 기억하는 더러운 세상'이라는 대사가 큰 인기를 얻었다. 물론 웃자고 한 말이겠지만 '1등 지상주의'를 비판하고 풍자하였기에 그만큼 일반 대중들에게 공감을 얻은 것이 아닌가 생각된다.

하지만 '1등만을 기억하는 더러운 세상'을 혐오하는 사람들이 과연 1등 이외의 것들을 다 기억하고 있을까? 아이러니하게도 절대 아니다.

인류 최초의 달 착륙자인 닐 암스트롱은 모든 이들의 기억 속에 있지만 두 번째, 세 번째 착륙자는 알지 못하며, 무의미하다. 또한 세계에서 가장 높은 산의 이름을 물으면 누구나 에베레스트라고 쉽게 답하겠지만, 두 번째로 높은 산이 무엇인지는 전문 산악인조차 헷갈려할 것이다. 콜럼버스도 신대륙을 최초로 발견했기에 그 이름이 몇백 년 후까지 남아 있지 않은가. 전화기를 발명한 벨의 사례는 더 극적이다. 하루도 안 되는 간발의 차이로 먼저 특허 등록을 하였기에 '전화기를 최초로 발명한 사람'으로 영원히 남아 있다.

공부에 있어서도 마찬가지다. 전국 대회에서 1등을 하여 대상을 차지하면 대상 수상자는 모든 사람들이 기억하고 그 분야에서 최고라고 인정을 하지만, 그 아래 수상자들은 누가 금상, 은상을 받았는지 잘 알지 못한다. 공부에 전혀 관심 없는 학생들조차 전교 1등의 이름을 안다. 하지만 2등이 누구인지, 3등이 누구인지는 잘 알지 못한다. 중·고등학교 수석 졸업을 하게 되면 졸업 후에도 '몇 회 수석 졸업생'이라는 타이틀이 남게 된다.

올림픽의 경우, 금메달을 따지 못하고 은메달에 머물러 우는 선수들을 종종 볼 수 있다. 기사나 댓글을 보면 '은메달도 정말 잘한 것이니 울지 말고 마음껏 기뻐했으면 좋겠다'라는 내용이 많다. 물론 맞는 말이고 은메달 역시 매우 훌륭한 것임에 분명하지만, 그 눈물의 의미는 금메달, 즉 세계 최고를 목표로 몇 년간 모든 것을 쏟아부었는데 1등을 차지하지 못한 아쉬움이다.

그 분야의 1인자와 2인자는 단순히 서열의 의미가 아니라 다른 차원의 것이다. 최고인가 최고가 아닌가로 나뉘는 것이다. 그만큼 1등, 최고라는 것의 명예와 가치는 위대하고 소중하다. **어떤 일을 정말 잘하고 싶은 욕심이 있다면, 그 분야의 최고를 목표로 삼아야 한다. 마음이 진실로 그것을 원한다면, 설령 적중하지 않더라도 과녁에서 그리 멀리 떨어지지는 않을 것이다.**

나는 '어머니'를 떠올리면 힘이 났다

내가 성공했다면 오직 천사와 같은 어머니의 덕이다　　－링컨－

자식 교육을 위해 3번이나 이사를 했다는 맹모부터 에디슨의 어머니까지, 동서고금을 막론하고 어머니의 사랑은 그 끝없음이 바다 같고 그 높음이 하늘 같음을 의심할 여지가 없다. 자식이 더 많은 배움을 얻어 사회에서 자신의 역할을 충실히 할 수 있게 하기 위해 당신 한 몸 희생하는 것을 아무렇지 않게 여기시는 어머니의 사랑이 사랑 중에서 가장 높은 곳에 자리한다. 한국의 조기 교육 열풍이 어느 나라보다 더 치열한 것은 어머니의 사랑이 한 뼘 더 크기 때문에 치열한 모습으로 표현되는 것이라고 생각한다. 나 역시 어머니의 드넓은 보살핌과 무한한 내리사랑이 나를 성장시킨 비옥한 자양분이었다.

〈전원일기〉 촬영이 있는 날이면, 달이 파랗게 빛나는 꼭두새벽부터 그 달이 다시 큰 눈으로 지켜보는 밤늦게까지 어머니의 돌봄이 멈추는 순간이 없었다. 불편한 버스를 타고 먼 양평 촬영장까지 동행해주시고, 대본 관리부터 촬영분 모니터링에 입을 것, 먹을 것, 스케줄 관리까지 당신의 힘듦과 피곤함은 아랑곳없이 늘 내가 우선이었다. 그러면서도 공부와 배움의 달리기에서 뒤처지지 않게 나의 신발 끈을 묶어주시며 독려해주셨다.

언젠가 내가 계속되는 촬영에 몸살이 나서 아파 누웠을 때의 일이다. 불행히도 다음 날 큰 시험까지 잡혀 있어 마음이 불편한 상황이었다. 안타깝지만 시험을 포기하고 다음을 기약해야 하는 상황, 어머니는 밤새 내 머리맡에서 간호해주시며 시험 내용을 계속해 읽어주셨다.

난 다음 날 거뜬히 회복해 시험을 볼 수 있었고 그 결과는 대상이었다. 집에 돌아오니 이번엔 어머니가 몸살이 나서 누워계셨고, 난 '이 상은 엄마가 받은 거'라 속엣말을 하며 잠든 어머니의 머리맡에 상장을 놓아두었다.

지금 생각하면 바쁜 TV 녹화 스케줄 안에서 학업과 연기를 둘 다 놓치지 않을 수 있었던 것은 모두 어머니 덕분이었다. 어머니께서 나에게 주신 것 중 또 다른 하나는 믿음이었다. 내가 가는 길에 대한 믿음을 당신의 믿음으로 보여주셨고 내가 옳다고 선택한 것에 대해서는 끝까지 신뢰의 끈을 놓지 않으셨다. 난 어머니의 든든한 믿음에 보답하고 나와 어머니가 굳건하게 연결되어 있음을 보여드리기 위해서라도 열심히 노력했다.

가끔 자신들의 꿈을 자녀들이 대신 이루기를 바라는 부모님들을 본다. 부모들은 자녀와의 신뢰를 조금 더 높이 쌓아야 하고, 한 길을 정해놓고 자녀들을 몰고 가는 것이 아니라 함께 걸어가는 행보를 선택해야 할 것이다.

누군가 다시 태어난다면 '어머니의 어머니로 태어나 받은 사랑과 정성을 그대로, 아니 그 몇 배로 돌려주고 싶다'고 대답했다고 한다.

정말 현답(賢答)이 아닐 수 없다. 어머니께 받은 내리사랑이란 자신의 위치에서는 절대 돌려줄 수 없다. 희생과 봉사가 동반된 큰 사랑은 '어머니'이기 때문에 가능한 것이다.

이렇게 말하면 의아해하겠지만 **나는 어렸을 때 어머니의 눈물을 보기 위해 더 열심히 공부했다.** 내가 보고 싶었던 것은 기쁨의 눈물이었다. 오래전 기억이지만 아주 생생하다. 내가 첫 경시대회에서 전국 1등을 했던 날, 어머니의 눈에서 기쁨의 눈물이 흘렀다.

비록 어렸지만 내가 엄마를 그만큼 기쁘게 했다는 사실이 나에겐 무엇보다 큰 보람이 되었고, 내가 어머니께 드릴 수 있는 최고의 선물은 이것이라 생각했다. 어머니의 눈물이 내가 공부를 열심히 하게 해준 동기가 된 것이다. 하지만 아쉽게도(?) 그 후로는 어머니의 눈물을 볼 수가 없었다. 아마도 첫 상이었기에 감동이 더욱 크셨던 것 같다.

아무리 노력해도 모두 돌려드릴 수는 없는 것이 어머니의 사랑이라지만 세상의 모든 아들딸들은 어머니가 기쁨의 눈물을 흘릴 수 있도록 노력해야 한다. 만약 행복한 세상을 만드는 대회가 있고 그 대회에 대상이 있다면 나의 어머니, 그리고 이 세상의 모든 어머니들에게 그 상을 바치고 싶다.

노마식 공부 마인드 충전하기

길을 잃었을 때, 나태해질 때, 공부에 지쳤을 때

전원일기 노마에서 한의사로 돌아온 김태진의 열혈 공부 이야기

이 장에서는 내가 이제까지 공부하면서 부딪친 다양한 문제들을 하나하나 짚어가며 지금도 열심히 공부하고 있을 후배들에게 작은 도움이라도 주고자 한다. 공부를 하다 보면 몸이 지칠 때도 있지만 마음이 지칠 때가 더 많다. 내가 지금 무엇을 하고 있는지, 어디로 가고 있는지 방향을 잃고 떠도는 조각배의 심정이 될 때도 있을 것이다. 공부할 것은 눈앞의 태산이고 공부는 잘되지 않아, 마음이 조급해지고 옆자리의 친구가 두렵게 느껴질 수도 있다. 어느 날은 이것저것 다 포기하고 그냥 잠이나 실컷 잤으면 할 때도 있을 것이다. 이러한 것들을 모두 내가 직접 겪어왔기에 후배들이 지금 얼마나 마음의 부담을 지고 있을지 너무나도 잘 안다. 이때 가장 중요한 것이 공부 마인드다. 공부 마인드란 공부를 하기 위해 필요한 모든 정신적 능력이라 할 수 있고, 이것이야말로 공부의 기본이다.

• • •

이 장은 '길을 잃었을 때, 나태해질 때, 공부에 지쳤을 때'의 세 부분으로 구성되어 있어 책을 일독한 후에라도, 스스로에게 문제가 생길 때 원하는 부분을 다시 찾아 읽어보면 도움이 될 것이라 생각한다

길을 잃었을 때

공부는 힘들게!
시험은 쉽게!

Easy come, Easy go! 말 그대로 '쉽게 얻은 것은 쉽게 사라진다' 는 의미다. 공부도 다르지 않다. 우리가 공들여 얻어낸 지식은 그만큼 오래 남는다. 그 과정에서 확실하게 내 것으로 소화해냈기 때문이다. 떠먹여 주는 공부에 길들여지지 말자. 공부라는 개념 자체가 그것에 대해 깊이 사고하고 이해하고 암기하여 새로운 것들에 적용하고 응용하는 일련의 총체적인 과정을 의미하지 않는가.

끊임없는 사고를 통해 본질을 파악하고 원리를 깨달아야 한다. 그만큼 어려울 수밖에 없는 과정이다. 더구나 이해하기 쉽지 않은 내용들을 머릿속에 저장하고 그것을 체계적으로 정리하고 응용해내어 출력하는 과정은 더욱 힘들 수밖에 없다.

쉬운 예를 들어보자면 수학 공부할 때 모르는 문제라고 쉽게 풀이를 참고하지 말라는 의미다. 해설을 보는 순간 그 문제는 쉽게 이해가 될 것이다. 풀이를 보면서 '아하! 이렇게 푸는 것이구나'라고 깨닫고 앞으로는 그 문제나 같은 유형의 문제를 쉽게 풀어낼 수 있을 것이라 생각하겠지만 그것은 큰 착각이다. 풀이를 보고 이해한 것은 결코 자기 것으로 만든 것이 아니기 때문이다. 실제로 한참 시간이 흐른 후, 그 문제를 다시 풀어보았을 때 풀지 못하는 경우가 허다하다. 따라서 처음 문제를 풀 때 모르는 문제라 하더라도 바로 해답을 보지 말고 최대한 그것을 스스로의 힘으로 풀어내기 위해 많은 사고를 해야 한다. 설령 그렇게 깊은 사고를 하였음에도 실마리를 찾지 못하겠다면 해설의 처음 부분부터 조금씩 살펴보는 것이 좋다. 해설을 최소한으로 참조해 그 문제를 풀어보는 것이다. 그래야 수학 실력을 제대로 올릴 수 있다. 수학에 대한 구체적인 여러 가지 학습법과 단계별 사고 과정 등은 따로 장을 마련하여 설명할 터이므로 여기서는 간단히 소개만 하기로 한다.

공부를 힘들게 하라는 말에는 또 다른 중요한 포인트가 있다. 우리가 보려는 시험의 범위나 난이도 측면을 훨씬 뛰어넘을 정도로 공부하라는 의미다. 그러려면 그만큼 힘들 수밖에 없지만 그렇게 해야 시험이 어떠한 형식으로 출제되더라도 함정에 빠지지 않고 안정적이고 여유롭게 좋은 점수를 받을 수 있다. 쉽게 설렁설렁 공부해서는 출제자가 의도적으로 꼬아놓은 문제를 해결할 수 없다. 많은 사람들이 문제를 탓하지만 그것은 제대로 준비하지 못한 바로 자신의 잘못일 뿐이다. 공부는 힘들게 하고, 시험은 쉽게 봐야 한다. 또한 시험은 긴장하지 않고 편한 마음으로 자신이 그동안 쌓아온 실력을 유감없이 발휘해야 한다. 나 역시도 그렇게 해왔다. 어떤 유형의 문제가 나와도, 난이도가 아무리 높아도 대처할 수 있도록 시험에서 기본적으로 요구하는 수준을 훨씬 뛰어넘어 공부했기 때문이다. 이런 공부 방법이 자연스럽게 습관이 되다 보니, 특별히 힘들다는 생각을 하지 않았고 그 힘든 과정 자체를 긍정적인 마음으로 받아들일 수 있었다. 오히려 너무 쉬우면 내가 공부를 제대로 하고 있는지 내 스스로를 되돌아보는 계기로 삼게 되었다.

힘든 과정을 즐겨라. 자신이 힘든 만큼 성취할 수 있는 가치는 그만큼 커지게 되고 그에 따르는 성취감과 기쁨은 배가 될 것이므로. '고진감래(苦盡甘來)'란 바로 이런 경우에 쓰는 말일 것이다.

절대 운을 믿지 말라

우리가 100% 공부를 했다고 가정했을 때 실제로 시험을 치른다면 사람에 따라 조금씩 다르기는 하겠지만 보통 70%, 잘하면 80% 정도의 성과를 얻을 수 있다. 이것은 두 가지 측면에서 살펴볼 수 있다. 하나는 바로 공부의 양과 범위다. 우리는 출제자가 아니라 문제를 푸는 입장이기 때문에 100%를 얻으려면 그보다 훨씬 많은 범위와 양을 공부해야 한다. 또 하나는 바로 시험의 특성이다. 시험이라는 성격상 우리가 갖고 있는 최고치의 능력과 사고를 완벽히 표출하기가 어렵다.

이 두 가지로 미루어보면 우리가 100을 얻기 위해서는 그의 2배를 노력해야 한다는 것이다. 하지만 대부분의 사람들은 잘해야 100, 또는 한참 못 미치는 80 정도를 노력하고서 이런 생각을 한다. '이 정도면 충분해. 80점 이상 나오겠지. 운이 좋아서 내가 공부한 데에서만 좀 더 많이 나오면 90점도 넘을 수 있을 거야.'

이렇게 운과 요행을 바라고 근거 없는 낙관적 태도를 갖는다면 더 이상의 발전은 기대할 수 없다. 난 모든 문제에 있어 어떻게 변형하고, 응용하고, 꼬아서 출제해도 충분히 해결할 수 있도록 질과 양적 측면 모두에서 2배에 가까운 노력을 기울였다. 이렇게 해야만 실제 시험에서 자신의 실력을 100% 발휘할 수 있고, 우리가 흔히 말하는 운이라는 것도 따를 수 있다. **운이라고 생각하는 것은 실제로 운이 아니다. 그만큼 배(倍)로 완벽을 기할 때 자연스럽게 따라오는 것이다.**

수학, 영어를 비롯해 사실상 모든 영역의 시험은 속도와 정확함 두 가지를 요한다.

속도와 정확함은 서로 반비례 관계에 있어 빠르게 풀려고 하면 정확하게 풀기 어려워지고 정확하게 풀려고 하면 당연히 많은 시간을 필요로 한다.

문제를 빨리 풀기 위해서는 자신이 암기하고 이해했던 내용을 머릿속에서 최대한 빨리 정리해내고, 그 문제에 적합한 내용을 인출해야 한다. 또한 문제를 접했을 때 그 문제에만 몰두하고 집중력을 높여 관련된 내용 이외에는 다른 내용이나 생각이 떠오르지 않도록 해야 한다.

단순히 연필을 빨리 움직이거나 '아! 좀 더 속도를 내야지. 빨리 풀어야지'라고 마음먹는 건 별 의미가 없다. 오히려 긴장감과 불안감만 높아져 허둥대게 되므로 정작 실수를 할 확률이 높아진다. 사실 속도와 정확함은 따로 떼어놓고 생각할 문제가 아니다. 정확하게 풀기 위한 사고력과 활발한 두뇌 회전, 머릿속에서 정리하고 그것을 출력하여 적용하는 능력이 높아지면 자연스럽게 문제를 푸는 시간이 단축되고, 더 정확하게 풀어낼 수가 있는 것이다. 주어진 시간 안에 문제를 풀지 못한다는 것, 그것은 그만큼 제대로 된 실력을 갖추지 못했다는 뜻이다. 공부를 잘하고 시험을 잘 보기 위해 필요한 사고력, 이해력, 암기력 그리고 정리와 출력 능력을 어떻게 계발하고 높여야 하는지는 이후에 구체적으로 하나하나 설명해나갈 것이다.

어설픈 10개보다 확실한 8개가 좋다

대부분의 학생들이 시험 볼 때 가장 안타까워하는 것이 '아~ 이거 분명히 책에서 본 기억이 나는데…' 일 것이다. 하지만 여기서 분명히 짚고 넘어가야 할 것은 바로 '본 기억이 있는 부분', '긴가민가하는 부분' 은 아예 모르는 것만 못하다는 것이다.

공부하는 데 있어서 가장 중요한 포인트는 어떤 것이 옳고, 어떤 것이 틀린 것인지 판단하는 능력이다. 시험 역시 우리가 옳고 그름(소위 OX)을 제대로 판단할 수 있는가에 초점이 맞춰져 있다. 옳은 지문을 틀린 거라 착각하도록 함정을 만들거나, 틀린 지문을 그럴듯하게 꾸며놓으면, 정확하게 공부하지 않은 사람들은 제대로 문제를 풀기 어렵다.

그렇다면 결론은 명쾌하지 않은가. 어설프게 아는 것은 모르는 것만 못하다!

10개를 어설프게 아는 것보다 8개를 확실하게 아는 것이 훨씬 낫다. 10가지를 어설프게 아는 것은 10가지를 모르는 것과 다름없다. 다시 말해 공부를 해나가는 데 있어 하나하나 확실하게 자기 것으로 만들어야 한다는 것이다.

서술형 주관식을 공부할 때에도 마찬가지다. 기본 개념부터 확실히 이해한 후, 암기를 하고 그와 관련된 부분으로 학습 범위를 넓혀 가야 한다. 이런 과정 없이 처음부터 욕심내어 곁가지 내용들을 붙여 암기하려 든다면 정작 꼭 필요하고 핵심이 되는 내용조차 자신의 것으로 만들 수 없다.

내가 무엇을 모르는지 확실히 파악하라

'知之爲知之 不知爲不知 是知也'. 이 말은 논어 위정 편에 나오는 문구로 '아는 것을 안다고 하고, 모르는 것을 모른다고 하는 것, 그것이 아는 것이다'라는 의미다. 짧고 간단한 문구지만 이 말의 중요성은 실로 지대하다.

모든 공부의 출발점은 바로 자신이 알고 있는 부분과 모르고 있는 부분을 정확히 파악하는 것이다. 처음 공부를 하고 책을 보는 시점에서 모르는 부분이 많이 나오는 것은 전혀 부끄럽거나 의기소침할 일이 아니다. 처음부터 다 안다면 공부를 왜 하겠는가? 공부를 하는 과정에서 몰랐던 내용, 그리고 애매하게 알고 있었던 부분 등은 표시를 해두고 모든 방법을 동원해 완벽하게 나의 것으로 소화해야 한다. 공부하는 과정에서 모르는 내용과 헷갈리는 부분이 자꾸 나오는 것을 두려워하거나 꺼려해서는 절대로 안 된다. 남에게 보여주기 위해 공부하는 것도 아니고, 공부하는 과정에서 모르는 것이 나왔다고 점수가 깎이는 것도 더더욱 아니다. 오히려 그러한 부분들을 제대로 파악하여 하나하나 확실하게 다져나가야 실제 시험에서 좋은 성적을 얻을 수 있다.

　중·고교 시절 내가 학교 시험을 준비하는 과정을 잠깐 소개해보고자 한다. 우선 기본적으로 교과서를 세 번 정도 정독한다. 여기서 포인트는 교과서를 세 번 정독하면서 내가 수업 시간에 들어 확실히 알고 있었던 부분, 그리고 어느 정도는 숙지한 부분, 또 하나는 여전히 생소하고 기억에 잘 남지 않는 부분 등을 스스로 분류해가며 각 회독 단계마다 펜으로 표시를 해두는 것이다. 그렇게 되면 자연스럽게 내가 어느 정도 알고 있는지를 파악한 상태에서 강약을 두어 공부를 할 수 있게 된다.

그다음 단계는 가능한 한 많은 문제를 푸는 것이다. 내가 공부한 내용을 다양한 문제에 직접 적용하여 푸는 능력을 기름과 동시에 내가 미처 발견하지 못했던 빈틈을 찾아내 그것을 채워나가는 것이다. 여기서 주의해야 할 점은 문제의 맞고 틀림에 연연하지 말라는 것이다. 찍어서, 또는 애매하고 긴가민가한 상태에서 맞힌 것은 모르는 것과 다름없으므로 절대 그냥 넘어가서는 안 된다. 문제를 푸는 근본적인 이유는 바로 내가 정확하게 알지 못한 것을 체크하고 그것을 보강하기 위함이다. 객관식 문제의 경우 모든 '보기' 전체를 놓고 정오(正誤)를 분석해야 한다. 예를 들어 오지선다형인 경우 옳은 것을 고르라는 문제에서 정답을 제외한 나머지 틀린 지문들은 모두 어떤 부분이 어떻게 틀렸는지를 제대로 알고 넘어가야 한다. 그래야만 문제를 푸는 의미가 있는 것이고 제대로 공부하는 것이다.

그리고 마지막 단계는 다시 기본이라 할 수 있는 교과서 정독으로 전체 내용을 총 정리하면서 확실하게 실력을 다지는 과정이다. 정독을 하며 이 부분이 어떻게 문제로 출제되었는지 그 형태까지 떠올려가며 정리하면 자신감도 생기고 기억도 오래 남게 된다. 여기서 각자의 특별한 방식들이 있다면 추가하면 된다. **자신이 모르고 있는 부분을 정확하게 파악하자. 그리고 그것을 확실히 내 것으로 만들자.**

질문을 주저하지 말라

서울대학교 영재 1기 수료증

난 학교 수업 시간에 의문 나는 점이 있으면 바로바로 표시를 해두었다가 수업 종이 땡 치면 선생님께 달려가 곧바로 의문점을 해결하였다. 질문 때문에 교무실을 교실처럼 들락거렸던 것이다.

중학교 2학년 때의 일이다. 집에서 난이도 높은 수학 문제집을 풀던 중 풀이를 보아도 제대로 이해가 가지 않는 부분이 생겼다. 그 문제집이 중국의 유명한 대학교에서 만든 책을 번역한 것이라 풀이 과정이 제대로 나와 있지 않았던 탓도 컸을 것이다.

수학 선생님께 찾아가 그 문제에 대해 질문을 드렸지만 선생님께서는 내가 이해하고 있던 부분까지도 제대로 이해를 못 하셨는지 대충 얼버무리시면서 오히려 내게 약간 짜증을 내셨다.

서울대학교 영재센터 1기 입학식을 한 후

그 후 수학 부문에서 서울대 영재 1기생으로 뽑혀 매주 토요일마다 서울대 교수님들께 수업을 듣게 되었는데, 난 이런 기회가 너무나도 소중하게 느껴졌다. 수업 이외에도 수학 문제집을 풀면서 의문나는 부분들, 정확하게 알고 싶었던 부분들을 교수님들께 여쭈어보며 나의 수학 실력을 더욱더 발전시키는 기회로 삼았다. 고등학교시절엔 방학 때마다 전국에서 10명의 학생을 선발해 운영하는 〈KAIST 전국 수학캠프〉에 참여했다. 그동안 문제를 풀면서 명쾌하게 이해가 가지 않았던 부분들을 교수님들께 질문하고 함께 토론하는 시간을 가지며 내 스스로의 수학적 역량을 한층 더 끌어올릴 수 있었다.

제 2000 - 232 호

수 료 증

소속 : 화곡고등학교
성명 : 김 태 진

위의 학생은 2000학년도 고등학교
과학우수학생 실험반의 전과정을 마
쳤으므로 수료증을 수여합니다.

2000년 12월 30일

서울특별시교육과학연구원장 김 성 기

서울시 고교 과학 우수학생 실험반 수료증

또 남산에 있는 서울시 과학 교육원에서 주최하는 〈서울시 고교 과학 우수학생 실험반〉에 학교 대표로 뽑혀 1년 동안 매주 토요일마다 실험을 통한 수업을 받았는데, 여기서도 나의 질문은 끊이지 않았다. 여담이지만 고교 과학 우수학생 실험반을 수료하기 전 조별로 주제를 정해 발표하는 과제가 있었다. 우리 조는 내가 주제를 정했는데, 바로 TV나 영화 속 장면 중 비과학적인 부분들을 찾아 실험을 통해 밝혀내는 것이었다. 결국 이 주제로 서울시 과학 우수학생 실험반 탐구발표대회에서 상을 받았다.

일반적으로 사람들은 다른 사람에게 질문하는 것을 꺼려하고 주저한다. 심지어 길을 묻는 것조차도 그렇다. 이런 현상은 공부하는 과정에서도 일어난다. 수업을 듣다가 혹은 공부를 하다가 의문이 생기는 것은 자연스러운 일임에도 불구하고 대부분의 학생들은 질문하는 것을 주저하고, 정확히 이해하지 못한 채 대충 넘어가려 한다.
이러한 태도는 공부하는 데에 있어 최악이다. 의문점이 들고 제

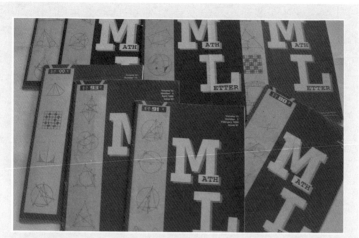
매달 구독했던 KAIST Math Letter-KAIST에서 발행하는 수학 관련 간행물

대로 알지 못하는 것은 꼭 질문을 하고 정확하게 알아야 하는 것이 당연한 것 아닌가? 우리가 공부하는 것은 남에게 보여주려고 하는 것이 절대 아니다. 모르는 것을 제대로 깨치기 위해 공부하는 것이다. 제대로 알지 못하는 것이 있어도 허세를 부리기 위해, 혹은 안일한 마음으로 대충 넘어가는 사람이 가장 어리석은 사람이다.

'다른 사람들 눈치 보지 말고 질문하라'는 말도 어불성설이다. 이 말은 '눈치 보인다'는 것을 전제로 한 것인데, 실제로 질문하는 것은 눈치 볼 일이 아니라 적극적으로 권장되어야 할 올바른 자세이기 때문이다. **질문을 주저하지 말자. 질문을 통해 자신이 몰랐던 부분 혹은 애매하게 알고 있던 부분들을 확실하게 깨닫자. 자신이 그동안**

미처 생각하지 못했던 새로운 것을 알게 될 수도 있고 더 나아가 시야와 사고의 폭을 넓힐 수 있는 계기가 될 것이다.

고민거리를 시험장까지 가져가지 말라

프로 야구에서 승리한 팀의 수훈 선수 인터뷰를 할 때 좋은 타격의 비결을 물어본다. 그런데 미리 각본이라도 짠 듯 인터뷰 내용이 거의 비슷하다. 바로 '공이 수박만 하게 보였다'는 것이다. 어떤 구질의 공을 노리고 있던 것이 적중했다, 상대 투수를 잘 분석하고 타석에 들어선 것이 좋은 결과를 낳았다, 이것이 바로 핵심 포인트다.

중요한 것은 뛰어난 타격을 한 선수들 모두 타석에서는 특별히 고민을 하지 않았다는 것이다.

타석에서 하나의 공을 노리지 못하고 직구를 칠지 변화구를 칠지 우왕좌왕한다면, 또 부진했던 지난 타석이나 지난 이닝 자신의 실책 등을 자꾸 머릿속에 떠올린다면 절대로 좋은 타격을 할 수 없고 맥없이 삼진으로 물러날 가능성이 크다. 즉 투수 분석과 자신의 노림수는 연습 때 혹은 대기하는 덕아웃에서 확실히 마무리하고 타석에서는 고민 없이 자신감 있게 스윙을 해야 한다. '왜 안 맞지?' 혹은 최근 부진에 대한 걱정은 타석에 들어서기 전까지만 하여야 한다. '야신' 김성근 감독님의 말씀대로 고민에 선을 그어야 하는 것이다.

이것은 공부에 있어서, 특히 시험에 임할 때도 완벽하게 맞는 말이다.

내가 이후 부분에서도 얘기하겠지만 시험장에서는 모든 것을 쏟아부어야 한다. 그렇게 하기 위해서는 고민을 절대 시험장까지 갖고 가지 말아야 한다.

'이번 시험을 과연 잘 볼 수 있을까?', '이렇게 하면 합격이 가능할까?', '내가 그동안 공부한 것이 제대로 한 것일까?', '부족하지는 않았나?', '앞의 문제는 아무래도 틀린 것 같다.' 이러한 생각들이 바로 시험을 못 보게 만드는, 자신의 실력을 제대로 발휘할 수 없게 만드는 잡념들이다.

시험장에서는 오로지 시험 문제와 그 문제들을 어떻게 풀어야 할지 그것에만 모든 에너지를 쏟아부어야 한다. 바로 무념무상의 상태가 필요한 것이다. 야구에서는 '공 보고 공 치기'라는 표현을 쓰는데, 시험에서는 '문제 보고 문제 풀기' 이것만 존재해야 하는 것이다. 그렇게 해야만 시험장에서 그동안 자신이 힘들게 갈고닦아 온 실력을 마음껏 펼칠 수 있는 것이고 자연스럽게 좋은 결과가 따라올 가능성이 높아지게 된다.

자신감과 자만의 차이를 알라

흔히 천재와 바보는 종이 한 장 차이라 말한다. 그런데 그 차이보다 훨씬 더 적은 것이 바로 자신감과 자만의 차이가 아닌가 생각된다. 자신감과 자만. 전자는 삶을 살아가는 데 꼭 필요하고 훌륭한 원동력이지만, 후자는 모든 일에 있어 반드시 지양하여야 할 자세와 마음가짐이다. 그러나 이 두 가지는 비슷한 점이 많아 대부분의 사람들이 자만을 자신감으로 혼동하거나, 자신감이 지나쳐 자만으로 바뀌기 쉽다. 자신감과 자만의 차이는 공부에 있어 스스로에 대한 만족과 타협의 유무에 달려 있다. 자신감을 토대로 한 공부는 '이번에 꼭 잘 해낼 수 있을 거야'라고 다짐하며 힘을 내어 자신에게 박차를 가하는 것이다. 스스로와 타협하고 적당한 선에서 만족하며, 막연히 '잘되겠지'라고 낙관적인 생각을 갖는 것은 바로 자만이다.

세상에는 타협하지 말아야 할 것이 두 가지 존재한다. 바로 불의 (不義)와 자기 자신이다. 자기 자신과 타협하고 스스로에게 만족하는 순간 더 이상의 발전은 기대하기 어렵다. 과거에 자신이 좋은 성과를 거두었다고 해서 자만심과 안일한 마음으로 자기 발전을 게을리한다면 추락하는 것은 금방이다. 모든 사람들은 끊임없이 앞으로 나아가고 있기 때문이다.

사람들은 대부분 멋지고 좋았던 과거에 얽매여 자신이 대단한 능력을 갖고 있다는 착각에 빠지고 자기 스스로를 과대평가하기 쉽다. 그러나 화려했던 과거는 모두 잊자. 다만 예전의 열정과 노력, 목표를 이루었을 때의 기쁨과 성취감을 떠올리자. 이번에도 해낼 수 있다는 자신감을 갖고 적극적으로 임한다면 그보다 더 강력한 원동력은 없을 것이다. 난 '공부의 신'이라는 말 자체를 싫어한다. 그 말 안에는 이미 자만이 들어가 있기 때문이다. 세상에 '공부의 신'이란 존재하지 않는다. 다만 겸허한 마음으로 자신의 목표를 위해 앞으로 꾸준히 나아가는 사람이 존재할 뿐이고, 이런 사람이 바로 존경받아 마땅하다. 이러한 사람은 설령 어떠한 일 하나를 실패했을지라도 결국 인생 자체는 성공한 삶이 될 것이라 확신한다.

이해가 우선, 암기는 그다음이다

암기와 이해. 이는 공부에 있어 가장 중요한 두 가지 기둥이라 할 수 있다. 그런데 이 중 어느 것이 우선인지, 어떤 것에 중점을 두어야 하는지에 대한 답은 여전히 입장이 나눠진다. 마치 '닭이 먼저냐, 달걀이 먼저냐?' 하는 질문처럼 말이다.

하지만 암기와 이해 중에 선행되어야 하고 더욱 중점을 두어야 하는 부분을 꼽으라면 난 주저 없이 '이해'를 강조하고 싶다.

혹자는 어차피 사실 모든 시험이 암기가 되어야 풀 수 있지 않느냐, 즉 암기가 당연히 더 필요한 것이 아니냐고 반문할 수도 있다. 그러나 깊은 사고를 통해 이해하고 스스로 깨친 내용이 아니라 단순히 생각 없이 머릿속에 집어넣기만 한다면 그것은 결코 오래가지도 않을뿐더러 자기 것으로 소화한 것이 아니기 때문에 그 관련 내용 심지어 그 내용 자체를 조금만 변형해도 제대로 풀어낼 수가 없게 된다.

따라서 확실한 이해가 선행되고 그 후에 암기를 하여야 한다. 이렇게 하면 확실하게 자신의 것으로 만들어 기억이 오래가고 응용하거나 적극 활용할 수 있어 어려운 문제 또는 오답 지문의 함정에도 빠지질 않는다. 이러한 효과뿐만 아니라 효율적인 측면에서도 확실히 좋은 결과를 가져온다. 이해가 제대로 된 부분은 그만큼 암기하기가 쉽고 흐름을 잘 파악하고 있기 때문에 관련된 다른 부분까지도 제대로, 그리고 쉽게 학습할 수 있게 된다.

그리고 공부할 때 계속 사고하는 습관을 갖고 제대로 이해를 하여 암기해야 할 절대적 분량을 최대한 줄여나가는 것이 무엇보다 중요하다.

인간은 망각의 동물이다. 암기라는 것 자체가 본능에 반하는 것이기에 누구에게나 부담스럽고 힘들 수밖에 없다. 더구나 일상생활의 친근한 내용들이 아닌 다소 딱딱하고 우리의 일상과 가깝지 않은 내용들을 암기하기란 더욱더 그럴 수밖에 없다.

그렇기에 공부할 때 최대한 자연스럽게 암기하여야 할 내용에 대해 왜 이러한 결론이 나왔는지 논리적으로 하나하나 분석하고 배경을 이해하는 방식으로 접근하여 힘들고 어려운 암기과정을 최소화시켜야 하는 것이다.

나의 암기 비법으로 소개한 것 중 하나인 「타당성 부여 암기 비법」은 바로 단순 암기 사항, 즉 소위 '쌩암기'를 해야 하는 것들을 내 스스로 그 내용에 대해 나만의 타당한 이유와 근거를 만들어 암기하는 방법으로 이 장에서 말하려는 핵심을 반영한 것이라 할 수 있다.

그렇다고 암기를 소홀히, 혹은 나중으로 미루라는 말이 절대 아니다. 암기에 앞서 이해가 선행되어야 하고 이해를 바탕으로 한 암기를 강조한 것이다.

공부를 하면서 간혹 제대로 이해되지 않는 부분은 질문을 통해, 또는 다른 책을 참고하여 이해하는 것이 가장 좋은 방법이지만 그것이 여의치 않다면 그때그때 바로 암기하고 넘어가야 한다. 암기에는 절대적인 시간이 필요하므로 하기 싫고 내키지 않는다고 다음으로 미루는 태도는 반드시 지양되어야 한다.

우리가 삶을 살아가면서 '다음에~'라는 말 또는 생각을 한 이후에 그것을 제대로 하고 어떠한 일이 계획처럼 이루어지는 경우가 별로 없다는 것은 경험을 통해 잘 아실 것이다.

공부에 있어서는 더욱더 그렇다. '다음에', '나중에'라고 생각한 순간, 이미 '나중'에는 현재 필요한 것을 해야 하는 시간이 존재하지 않는다.

따라서 그때그때 힘들더라도 암기를 하고 넘어가야 한다. 계속 암기를 하고 생각을 하게 되면 예전에 제대로 이해하고 있지 못했던 부분들이 자연스럽게 이해가 가고 기본 원리를 깨닫게 되는 경우가 많다.

결론적으로 사고력과 논리력을 바탕으로 공부할 내용을 확실하게 이해한 후 암기를 하자. 즉 단순 암기할 분량을 최소화하되, 암기할 것은 나중으로 미루지 말고 바로 암기하자. 이해는 암기를 하는 데에 있어 효과와 효율적 측면 모두에 큰 도움을 주고, 암기는 제대로 이해하지 못했던 것을 새롭게 깨닫게 해준다.

기출문제에서 출발하라

과거는 현재를 살아가는 데에 있어 꼭 필요한 열쇠다. 그리고 현재는 과거를 반영하고 있기에 과거의 산물이라 할 수 있다. 따라서 기출문제는 모든 공부의 출발점이다.

기출문제를 통해 우리는 시험의 커다란 청사진을 볼 수 있다. 좀 더 세세하게 분석해보면 전반적인 문제의 구성과 유형, 각 부분마다의 빈출 정도를 통해 각 부분별로 중요도를 알 수 있고, 더 나아가 이 시험이 중점적으로 판별하고자 하는 즉 시험 자체의 궁극적 목표까지도 읽을 수 있다.

'知彼知己면 百戰不殆라(적을 알고 나를 알면 백 번 싸워도 위태롭지 않다)' 라는 말이 있듯이 기출문제를 잘 분석하여 우리가 볼 시험에 대한 정보를 정확하게 알게 된다면 우리가 공부해야 할 방향을 제대로 설정하여 바르게 나아갈 수 있다. 공부를 하는 데 열심히 하는 것이 물론 중요하고 필요한 것인데 그보다 선행되어야 할 중요한 것이 바로 처음 시작할 때 방향을 제대로 잡는 것이다.

기출문제가 얼마나 중요한지를 모르는 사람은 없을 것이다. 문제는, 이렇게 중요한 기출문제를 그 가치만큼 충분히 활용하지 못하고 단순히 문제를 풀고 틀린 내용을 확인하는 정도에만 그친다는 데에 있다.

기출문제는 서서 큰 숲 전체를 바라보는 시각, 그리고 몸을 숙여 나무와 풀 하나하나를 살펴보는 시각 모두를 갖추고 접근해야 한다.

우선 전자, 즉 거시적인 안목으로는 문제 전체의 구성, 유형 그리고 전반적인 흐름까지 잘 짚어내야 한다. 사람마다 고유의 성격이 있듯, 각 시험마다 고유의 성격, 즉 시험 출제의 경향과 목적을 제대로 파악하는 것이 무엇보다 중요하다. 이것은 기본적인 잣대, 즉 시험 자체의 목적과 기준이므로 기출문제와 우리가 앞으로 보아야 할 문제에 모두 공통적으로 녹아 있는 불변의 것이다. 따라서 기출문제를 통해 이것을 제대로 파악하면 우리가 어떤 식으로 공부를 하고 시험에 임해야 하는지 큰 그림이 그려지게 된다. 그리고 문제들의 유형과 지문들의 배합 등을 살피고 각 부분별 빈출 정도를 통해 중요도의 강약을 파악하고 나아가 그런 것들을 문제에서 어떠한 식으로 묻는지를 파악해야 한다.

이렇게 거시적으로 기출문제를 분석했다면 이제는 다시 미시적으로 접근해야 한다. 미시적으로는 말 그대로 한 문제 한 문제 꼼꼼하게 살펴보아야 한다. 이때는 문제를 풀고 난 후에 틀린 문제를 다시 스스로 풀어보면서 자신이 어떠한 부분에서 왜 그렇게 잘못 생각했는지를 찾아내고 생각해보며 부족한 부분을 다시 더욱더 공부하여 보완하는 계기로 삼아야 한다. 틀린 문제뿐만 아니라 맞힌 문제에서도 문제의 지문이 아닌 지문 자체를 따로따로 떼어놓았을 때 각 지문마다 정오를 확실하게 판단할 수 있도록 하여야 한다. 그게 제대로 아는 것이다. 그리고 중요한 부분을 파악하여 그 부분은 무조건 100% 맞힌다는 생각으로 완벽을 기해야 한다. 사실 점수 차가 나는 주요 원인은 '어렵고 남들이 생각지 못한 문제를 맞히느냐 못 맞히느냐'가 아니다. '기본이 되고 중요한 부분이면서 집중적으로 출제되는 부분을 누가 더 완벽하게 하여 다 맞히느냐'

에 있다.

마지막으로 기출문제를 풀면서 실전 감각을 완전히 익히고 유지해야 한다. 공부를 정말 제대로 된 방향으로 잘 해왔고 노력을 기울여 실력을 충분하게 쌓았다 하더라도 실제 시험장에서 지나치게 긴장하거나, 문제에 따른 시간 안배 등을 제대로 하지 못할 경우 자신의 실력을 —물론 이것도 실력이긴 하지만— 제대로 발휘할 수 없고 이것은 좋지 못한 결과로 이어질 수밖에 없다.

따라서 기출문제를 풀 때에는 시험장에서 진짜 시험을 본다는 생각으로 분위기를 조성하고 정확히 시간을 재어 실전처럼 풀어야 한다. 실제 당일 시험 시작, 종료 시각과 거의 비슷한 시간대에 문제를 푼다면 더욱 좋다. 그래야 실제 시험을 볼 때에는 그동안 실전처럼 풀어왔던 것처럼 일상대로 자연스럽게 흘러갈 수 있고 결과 역시 노력한 만큼의 성적을 얻을 수 있다.

결론적으로 말해 기출문제를 적극 활용하자. 거시적 접근, 미시적 접근을 통해 기출문제가 지니고 있는 가치를 완벽하게 얻어내고, 기출문제를 실전처럼 계속 풀어 실전 감각을 익히고 유지하자. 미래를 잘 가꾸어나가려면 지나온 과거가 주는 교훈과 가치를 얻어야 한다.

溫故知新, 이것이 바로 기출문제가 지닌 가장 중요한 의미가 아닐까?

선택과 집중의 원칙을 지켜라

우리는 살아가면서 자신이 원하든 원치 않든 수많은 선택을 한다. 삶은 선택의 연속이고 그 과정이 바로 인생이기 때문이다. 지금의 내 삶은 어제 선택한 것들의 결과이고 내일 나의 삶은 오늘 선택한 것들의 합집합이다. 즉 인생은 선택한 대로 이루어지고 그 결과에 대한 책임은 우리 스스로에게 있다.

순간의 선택이 우리의 삶의 성공과 실패, 행복과 불행을 좌우한다. 따라서 얼마나 신중하고 지혜롭고, 현명하게 올바른 선택을 하느냐에 따라 인생이 결정된다.

선택에 의해 우리의 삶은 수많은 방향으로 갈린다. 날마다 다른 길이 우리 앞에 놓이고 그중 하나를 선택하는 것이 인생이다. 인생의 정답은 없지만 현답은 있다고 한다. 공부 역시 마찬가지다. 定道는 없지만 正道는 있다. 따라서 공부하는 과정에 있어 어떠한 길이 과연 올바르고 현명한 길인지 선택에 앞서 끊임없이 고민하고, 신중하게 판단을 내려야 한다. 그리고 선택을 하였으면 자신의 선택에 대해 정신을 집중하여 모든 에너지를 쏟아부어야 한다. 우왕좌왕하지 말고, 자신이 선택한 것을 존중하고 그 선택에 후회가 남지 않도록 즉, 바른 선택이 될 수 있도록 최선을 다해야 하는 것이다.

만약 그렇지 않고 자신의 선택에 확신을 갖지 못하여 자꾸 의심하게 되고 주저하게 된다면 자신이 가진 힘—육체적, 정신적 에너지—을 완전히 발휘하여 집중할 수 없게 된다. 그리하면 설령 객관적으로 현명한 선택을 했다 하더라도 그 선택에 걸맞는 좋은 결과를 얻어내기 어려워지고 자연히 그 선택 역시 빛이 바래고 말 것이다.

구체적인 공부 과정에서도 우리가 선택해야 할 상황이 오게 된다. 한 과목을 공부하더라도 어떠한 부분을 집중하여 공부할 것인지를 판단하여 선택하여야 하고, 선택을 했다면 그 부분을 집중하여 공부하여야 한다. 시험에 따라 다르겠지만 공부해야 할 전체 내용은 절대적으로 많고 시험에 나오는 내용은 한정되어 있고 공부할 수 있는 주어진 시간은 모든 양을 다 하기에 부족한 상황이라면 이러한 선택은 필수인 것이다. 따라서 중요도와 그동안의 시험 문제의 출제 분포도와 흐름 등을 바탕으로 현명한 선택을 해야 확률 싸움에서 승리할 수 있고 이러한 선택과 집중은 자연스럽게 다른 사람들보다 더 좋은 성적을 얻을 수 있도록 해준다. 내가 다른 장에서 기출문제의 중요성을 강조한 것도 바로 이러한 이유 때문이다.

이러한 공부하는 과정에서의 선택뿐 아니라, 좀 더 큰 시각으로 보아 공부에 임하는 데 있어 어떠한 자세를 택할 것인지, 더 나아가 어떠한 꿈을 택하고, 순간순간의 갈림길에서 어떠한 가치관으로 어떠한 결정을 내릴 것인지 결정 하나하나가 나를 만들어가는 과정이

고 내 삶과 나를 둘러싸고 있는 내 주위의 환경을 변화시키고 이루
어나가는 중요한 요소들인 것이다.

현명하고 올바른 선택이 되도록 선택에 앞서 끊임없이 생각하고
신중을 기하자. 그리고는 자신이 선택한 것에 대해 책임감을 갖고
자신의 모든 힘을 집중하여 최선을 다하자. 그러면 당신이 원하는
삶이 펼쳐질 것이다.

과정보다는 결과가 중요하다

주위에서 '결과보다는 과정이 중요하다'라는 말을 자주 들었을 것
이다. 하지만 이 말의 참뜻을 잘못 이해하고 있는 경우가 대부분이
다. 말 자체를 액면 그대로 받아들이면 안 된다는 것이다. 이 말은
실제로 과정이 결과보다 더 중요하다는 것이 아니라 결과에 연연하
지 않고 후회 없이 최선을 다했다면 결과가 어떻게 나오든 그것으로
충분하다는 것을 말하고자 하는 것이다. 결과라는 것은 자신이 컨트
롤할 수 없는 여러 가지 외부적 변수가 존재하므로 자기가 마음먹은
대로 되는 것이 아니기 때문이다. 본론으로 돌아가 결과와 과정, 이
두 가지 중에 더 중요한 것은 당연히 '결과'다. 아무리 과정이 좋고

훌륭하다 하더라도 결과가 좋지 못하면 의미가 없다. 물론 아무 의미가 없는 것은 아니지만 그것은 자신에게만 심리적인 의미가 있을 뿐이다. 우리가 노력하는 궁극적 목적은 목표와 꿈을 이루기 위한 것이기 때문이다. 결과가 좋아야 비로소 과정이 조명받을 수 있고, 그때서야 과정이 아름답고 멋지게 보이는 것이다.

잘 생각해보라. '결과보다는 과정이 중요하다'는 말을 한 사람들 중에 결과가 좋지 못하였거나 자신의 목표를 이루지 못한 사람들이 과연 있었는지. 과정이 아름답다는 것은 목표를 이루어낸 기득권자들의 멋진 이야기일 뿐이다. 편안한 마음으로 틈틈이 노력했다는 얘기도 마찬가지다. 솔직히 편하고 쉽게 달성할 수 있는 것이라면 누군들 못 하겠는가? 그렇지 않기에 성공이 높게 평가받는 것이다.

따라서 좋은 결과를 얻기 위해서는 여러 가지 힘든 과정들을 인내하고, 자신이 할 수 있는 방법을 다 동원해 모든 열정을 쏟아부어야 한다. 설령 다른 사람들 눈에 너무나 가혹하게 보일지라도, '굳이 저렇게까지 해야 하나'라는 말을 들을지라도. 공부하는 힘든 과정을 남들에게 보기 좋게 포장할 이유가 없다. 성공하였을 때 비로소 그 과정도 훌륭한 것이 됨을 명심해야 한다.

야구의 예를 들어보자. '야신' 김성근 감독이 이끄는 SK 와이번스는 2010년까지 통산 세 차례 우승과 한 차례 준우승을 차지한 강팀이다. 많은 사람들이 'SK 와이번스는 성적은 좋은데 재미없는 야구를 한다'고 말한다. 하지만 경기에서 가장 중요한 것은 승리이고, 자신이 응원하는 팀이 이겨야 진짜 기쁨을 만끽할 수 있다. 물론 나는 SK 야구가 재미없다는 말이 대체 어떤 근거에서 나온 것인지 이해가 되지 않지만, 일단 그 논의를 차치하더라도 매일 패배하는 팀을 좋아해줄 팬은 없을 것이다. 아무리 흥미진진한 경기 내용이라 하더라도 말이다.

훌륭한 결과를 위해 자신이 할 수 있는 모든 것을 주저하지 말고 쏟아붓자. 다른 사람들의 눈은 의식할 필요도 없고, 과정을 포장할 필요도 없다. 좋은 결과를 얻는다면 그 과정이 최고의 과정이고 가장 멋지고 아름다운 드라마가 되는 것이다.

예습과 복습, 2:8의 원칙을 지켜라

어려서부터 '예습, 복습을 철저히 하라'는 말을 무수히 들었을 것이다. 그렇다면 과연 예습과 복습 중에 어떤 것이 더 중요한가? 이 질문의 정답을 제대로 알고 있는 사람은 그리 많지 않아 보인다. 이러한 의문 자체를 가지지 않은 사람들이 더 많을 것이다.

결론부터 말하자면 복습이 예습보다 훨씬 더 중요하다. 전체를 10으로 놓고 보자면 예습 2, 복습 8 정도가 적당하다. 복습이 공부의 主가 되어야 하고, 복습을 어떻게 하느냐에 따라 공부의 결과가 달라진다.

예습의 비중을 줄이라 해서 예습이 중요하지 않은 것은 아니다. 예습을 하는 것과 하지 않는 것은 큰 차이가 나기 때문이다. 그러나 그 양은 상대적으로 적어도 된다. 예습의 목적은 배울 내용이 무엇인지 전체의 그림을 미리 살펴봄으로써 본 공부나 수업을 받을 때 이해를 돕고 제대로 소화할 수 있게 해주는 것이다. 따라서 과도한 예습은 오히려 역효과를 불러일으킬 수 있다. 특히 생소하고 어려운 내용일 경우, 무엇이 핵심인지 스스로 판단하기 어렵다. 예습을 하면서 중요하지 않은 부분을 암기하거나, 자기가 스스로 중요하다 판단하여 책에 밑줄을 긋는 행위는 공부를 망치는 지름길이다. 이렇게 하면 정작 수업을 들을 때 제대로 집중할 수 없고, 처음에 중요한 부분이라 잘못 판단한 것에서 빠져나오기가 쉽지 않다. 그뿐만 아니라 예습 때 어떤 부분을 잘못 이해하게 되면 그것 역시 제대로 바로잡기가 어렵다.

혹 독자분들 중 예습과 선행 학습이 어떤 차이가 있는지, 동일한 개념으로 오해하실까 봐 간단히 설명해보려 한다. 이 장에서 내가 말하고자 하는 예습이라는 것은 학교 수업을 듣기 전에 일반적으로 교과서로 예습하는 경우를 말하는 것이다. 아직 수업을 듣기 전에 교과서를 읽게 되는 경우, 어떠한 부분이 책의 내용에서 가장 중요한 부분인지 정확하게 파악해내기 쉽지 않다. 또한 구체적으로 설명이 부족한 내용인 경우, 자칫 잘못 이해하여 암기하게 되면 그것이 쉽게 고쳐지지 않기에 위험할 수도 있는 것이다.

반면 선행 학습은 예습과는 논의의 평면 자체가 다른 것이다. 그 선행 학습 과정 자체는 기본 개념과 원리의 이해부터 최고 응용하여 문제를 푸는 단계까지 총체적으로 이루어져야 하며, 그것이 단계적으로 차근차근 이루어지고 전 단계가 완벽하게 소화되었을 때 다음 단계로 넘어가야 함은 두말할 나위 없는 기본적인 것이다. 즉 선행 학습은 말 그대로 먼저 그 단계를 자신의 것으로 만드는 종합적인 과정이므로 여기에는 예습과 복습 과정이 모두 포함되어 있는 것이다.

결론적으로 공부의 주된 과정은 복습으로 이루어지는 것이고, 예습은 그 과정을 좀 더 용이하고 매끄럽게 해주는 작용을 한다. 따라서 복습에 훨씬 더 많은 시간과 노력을 투자해야 하고, 예습은 욕심을 버리고 미리 어떠한 내용을 공부하게 될 것인지 전체 큰 그림을 바라보는 자세로 가볍게 임해야 한다.

두뇌의 특별 기억 장치를 가동시켜라

우리의 매일매일은 비슷한 일상으로 채워진다. 좋든 싫든 특별한 일이 있었던 날은 1년 365일 중 며칠이나 될까? 그런데 그런 특별한 일이 있었던 날은 그 일뿐 아니라 다른 소소한 것들까지 자세히 기억하는 경우가 많다. 그날 날씨는 어땠고, 그날은 어떤 음식을 먹었고 등등. 추리 소설의 목격자는 항상 자신이 특별한 일을 하고 있었거나 특별한 상황에 놓여 있었기에 그날 상황을 시간이 지난 후에도 비교적 자세하게 증언할 수 있다.

이는 우리 두뇌의 기억 장치가 매번 모든 일을 똑같은 강도로 기억하고 있는 것이 절대 아니라는 것을 확실하게 설명해주고 있다. 다시 말해 매일 반복되는 일상적인 일은 우리의 두뇌에 깊게 인식될 가능성이 희박하지만, 반대로 어떤 특별한 자극을 받았을 때의 기억은 머릿속에 강하게 새겨져 생생하고 오래간다는 것이다.

따라서 이러한 원리를 공부하는 과정에 있어서 최대한 활용하도록 해야 한다. 그렇다고 억지로 특별한 일을 만들 수는 없다. 하지만 적어도 자신에게 일어나는 일들에 대해 평소와는 다른 시각을 갖거나 기분을 새롭게 하는 것은 가능하다. 또한 공부 내용 자체를 자신이 겪었던 일이나 우리 사회에 실제 일어나고 있는 현상들과 비교하고 대조해가며 공부 내용을 두뇌가 최대한 강하고 깊게 인식하고 기억할 수 있도록 노력을 기울여야 한다.

공부하는 자세에 있어서도 조금씩 변화를 주어 두뇌가 내용을 받아들일 때 좀 더 새로운 기분으로 받아들일 수 있도록 하는 것도 좋은 방법 중 하나다. 즉 그냥 책상 앞에 앉아 처음부터 끝까지 똑같은 자세로 암기하기보다는 때로는 서서 외워보기도 하고, 잠시 바깥바람을 쐬면서 천천히 걷기를 하면서 조금 전에 암기한 것을 스스로 입을 통해 다시 되새겨보자. 훨씬 더 효율적이고 기억도 강하게 오래 남음을 알 수 있다. 더불어 잠시 휴식을 취하는 듯 마음을 편안하게 해주고 정신을 맑게 해주는 효과도 있어 여러모로 매우 훌륭한 방법이라 할 수 있다.

자신의 공부 자세, 바라보는 시각과 마음가짐을 항상 새롭게 하여 공부하는 과정 전체에 생동감을 불어넣어 보자. 자연스럽게 공부한 내용들이 살아 움직이며 우리의 두뇌에 강하고 선명하게 인식되어 오래도록 기억이 지속될 것이다.

만반의 준비로 오는 기회를 놓치지 말라

성공한 사람들의 이야기를 들어보면 자신에게 주어진 기회를 놓치지 않고 잘 살려서 훌륭한 일을 해내었던 경우가 많다. 이렇게 자신에게 주어진 기회를 잡아 성공으로 이끌기 위해서는 가만히 기다리고만 있어서는 안 된다. 언제 올지 모를 기회를 위해 자신을 갈고닦는 만반의 준비를 해두어야 가능한 것이다. 루이 파스퇴르 역시 '오직 준비되어 있는 자만이 중요한 것을 관찰할 수 있는 기회를 잡는다' 라는 말을 남겼다.

다시 야구 얘기를 해보자. 동일한 포지션에 빼어난 선수, 혹은 구단의 베테랑 선수가 있는 경우 주전의 자리를 차지하는 것은 불가능에 가깝다. 심지어 타석에 설 기회조차 주어지지 않을 것이다. 그런 상황에서 낙담하지 않고 묵묵히 인고의 시간을 보내며 스스로의 기량을 갈고닦은 선수가 있다면, 어느 날 주전 선수의 갑작스러운 부상으로 스포트라이트를 받고 결국 대선수로 성장한다는 인생 역전 스토리의 주인공이 될 수 있다.

나 역시도 언제 찾아올지 모르는 기회를 살리기 위해 평소에 부단하게 내 자신을 단련했다. 그랬기에 수학 국가 대표로 뽑힐 수 있었고, 민간외교사절단에 선발되어 일본에 가는 기회를 잡을 수 있었다. 그 밖에 KAIST 전국 수학캠프, 서울대학교 영재 1기생으로 뽑혀 훌륭한 교수님들과 함께 공부할 수도 있었다.

연기 쪽에서도 항상 준비가 되어 있었기에 〈전원일기〉 오디션에서 높은 경쟁을 뚫고 노마 역을 차지한 것이다. 보통 사람들은 성공한 사람들을 보며 '운이 좋았군', '역시 세상은 다 운명이 정해져 있어'라고 치부한다. 하지만 그들에게만 특별한 운이 따른 것이 아니다. 평소에 언제 올지 모를 기회를 잡기 위해 끊임없이 노력했기에 가능한 일이었다.

인생에 있어 세 번의 큰 기회가 찾아온다고 하는데, 그것에 대응하는 사람들의 자세는 크게 세 가지로 분류된다.

첫째, 기회가 왔는지조차 인식 못 하고 그냥 지나치는 사람
둘째, 기회를 잡으려 했으나 평소에 준비를 제대로 해놓지 않은 사람
셋째, 평소에 만반의 준비를 완벽하게 하여 자신에게 온 기회를 제대로 잡아 훌륭하게 원하는 바를 이루어내는 사람

어떤 사람이 되어야 하는지는 자명하다. 바로 마지막 유형의 사람이 되어야 할 것이다. 성공한 사람을 부러워만 할 뿐, 정작 자신이 그런 기회를 잡을 수 있을 것이라는 가능성조차 생각하지 않는 사람들이 많다.

성공은 그리 멀리 있는 것이 아니다. 기회가 왔을 때 내가 그 기회를 잡는 주인공이 될 것이라는 강한 의지와 확신을 갖고 한 걸음 한 걸음 나아가자. 내가 주인공이 될 시기가 반드시 찾아온다.

초·중반에 치고 나가라!

공부는 마라톤과 같다. 마라톤에 비유한 것은 꾸준하게 끝까지 열심히 해야 한다는 일반적인 교훈을 말하기 위함이 아니다. 일반적으로 사람들이 공부를 하는 패턴을 살펴보면 처음 시작부터 어느 시점까지는 조금 느슨하게 하다가 시험이 가까워오기 시작하면 그때부터 모든 노력을 쏟아붓기 시작한다.

이렇게 하면 치열한 경쟁에서 절대 이길 수가 없다. 시험이 임박한 시점은 이미 늦은 때다. 시험 자체를 이미 포기한 사람이거나 올림픽 정신으로 시험 응시 자체에 의미를 둔 사람을 제외하고는 누구나 시험이 코앞에 닥쳤을 때는 열심히 공부한다. 그 시기에는 누구나 열심히 하기 때문에, 아무리 노력한다 해도 큰 차이를 낼 수 없다. 남들이 여유를 잡고 조금 느슨하게 하는 초·중반부터 바짝 몰아쳐 선두로 치고 나가야 한다. 그래야 초반부터 격차를 벌릴 수 있으며, 그 상태에서 막판 스퍼트를 해 선두권 내의 경쟁을 뚫고 1등을 차지할 수 있는 것이다. 초 · 중반에 치고 나가지 않으면 비슷한 성적, 비슷한 순위에 머무를 수밖에 없다.

마라톤에서 초 · 중반에 선두권에서 멀어진 선수가 메달을 딴 경우가 있는가? 없다. 초 · 중반에 어중간한 그룹에 머물게 되면 중반 이후에 아무리 스퍼트를 내도 최상위 그룹을 따라잡을 가능성은 희박하다. 마라톤을 초 · 중 · 고등학교 전체 시기로 대입해보는 것도 흥미로울 것이다. 초등학교를 지나 중학교를 거쳐 고등학교로 올라갈수록 공부의 양과 난이도에서 엄청난 차이가 난다. 초등학교 때부터 열심히 공부하여 기본을 탄탄하게 닦고 거기에 깊이를 더해 남들보다 훌쩍 앞서 나가야 한다.

난 항상 공부를 함에 있어 초반부터 몰아쳤다. 초등학교 때부터 학교 공부는 기본이고, 수학과 한문을 특히 집중적으로 공부했다. 중 · 고등학교 때도 전교 1등을 유지하고 수석 입학, 수석 졸업을 이룰 수 있었던 이유 중 하나가 바로 시작부터 앞서 나갔기 때문이다. 학교 시험 열흘 전부터 공부를 시작한다면 마치 바로 내일 시험을 치르는 사람처럼 집중력을 갖고 공부에 모든 걸 쏟아붓기를 시작부터 한 것이다.

이런 자세는 한의사 국가 고시 때에도 그대로 유지되었다. 9월부터 공부를 시작하였는데 초반부터 엄청난 집중력을 발휘해 단기간 내에 교재의 회독 수를 높여갔다. 11월 초에 치른 모의고사에서 이미 국가 고시 합격 기준 점수보다 훨씬 높은 점수에 도달할 수 있었다. 그 후엔 한결 편한 마음으로 즐겁게 공부할 수 있었고, 그 결과 한의사 국가 고시에서 고득점을 기록했다.

초심을 잃지 말라!

초심을 잃지 않고 처음의 마음가짐을 끝까지 유지하는 것보다 어려운 일도 없을 것이다. 그렇기에 어느 분야에서든 롱런한다는 것은 어려운 일이다. 방송이나 스포츠의 경우만 보더라도 이 사실을 잘 알 수 있다. 연기자의 경우, 처음엔 운이 좋아 부족한 노력이나 실력에 비해 높은 인기를 얻게 되는 경우가 있다. 그러나 초심을 잃고 거만하고 안일한 자세를 갖게 되어 추락하는 경우를 종종 본다. 스포츠 선수도 승승장구하게 되면 어느덧 초심을 잃고 훈련을 게을리해 성적이 떨어지는 경우가 있다.

우리는 신이 아니라 사람이기 때문에 정상의 위치에 오르게 되면 그 성취감에 취해 자신도 모르는 사이에 '난 최고니까 이 정도만 하면 충분하겠지' 라는 안일한 생각에 빠지게 된다. 처음 정상에 오르기 위해 가졌던 자세와 겸손한 마음은 잊어버린다. 그만큼 항상 경계하고 그럴수록 초심을 잃지 않도록 마음을 다잡아야 한다.

초등학교 6학년 때 전국 수학올림피아드에 첫 출전했을 때의 일이다. 바로 전해 전국 수학경시대회 3개에서 대상과 금상을 타며 나도 모르게 자만심이 생긴 것인지, 6학년 시작 첫 대회에서 좋지 못한 성적표를 받았다. 물론 입상은 하였지만 전년도에 대상을 받은 나로서는 너무나 실망스러운 성적이었다. 물론 대회의 성향이 나와 잘 맞지 않았던 이유도 있었지만 결국 모든 원인은 나에게 있었음을 깨달았다. 나는 초심으로 돌아가 더욱 노력을 기울였다.

그 결과 첫 대회를 제외한 나머지 4개의 전국 대회에서 대상 3번, 금상 1번을 차지하며 모두를 깜짝 놀라게 하였다. 역대 대회를 통틀어 독보적인 성과를 얻어낸 것이다. 그 후로도 이때 일을 떠올리며 초심을 잃지 않기 위해 스스로를 다잡고 경계했다. 1등을 유지하면서도 부족한 점과 아쉬운 부분들을 계속 떠올리며 내 스스로를 편하게 두지 않았다. 정상에 오르는 것보다 그것을 지키는 것이 더 어려운 일임을 잘 알았기 때문이다.

초심을 잃지 말아야 하는 것은 비단 공부뿐이 아니다. 삶을 살아가는 데에도 반드시 필요한 미덕이다.

나태해질 때

책상 위의 휴대폰부터 없애라

야구 경기에서 안타도 많이 치고 볼넷도 얻었는데, 상대 팀보다 점수를 많이 내지 못해 패하는 경우를 종종 볼 수 있다. 이런 상황을 흔히 공격의 응집력이 부족하다고 한다. 안타를 치고 볼넷을 얻어 주자를 계속 내보내도 적시타 또는 희생 플라이 등이 나오지 않고 삼진을 당하거나 병살타를 치면 득점에 실패하게 된다. 점수만 못 얻는 것이 아니라 분위기 자체가 가라앉는다.

공부도 마찬가지일 것이다. **할 때 집중적으로 해야 한다.** 공부하다가 중간에 다른 일을 한다든지, 몇 분 공부하고 몇 분 쉬겠다는 생각으로 자주 휴식을 하게 되면 그만큼 효율이 떨어지고 집중력도 떨어진다. 공부 역시 흐름이 중요하다. 적어도 한 과목 안에서는 논리적 구성에 따라 내용이 전개되기 때문이다. 자주 쉬게 되면 내용이 중간에 자꾸 끊기게 되며, 다시 시작할 때 지난 내용까지 다시 훑어 봐야 하므로 불필요한 시간 낭비를 하게 된다. 또 머릿속에 내용이 제대로 각인되기도 어렵다. 따라서 내용이 연결되는 부분에서는 전체를 한 번에 집중적으로 보는 것이 중요하다. 그래야 논리적 흐름에 따라 이해도 쉽고, 이해가 쉽다면 암기도 더욱 잘되는 것은 자명한 이치다. 공부를 시작한 후 점차적으로 집중력과 몰입도가 높아지게 되는데 그것을 최대한 지속시켜야 한다. 한창 집중하여 공부가 잘되고 있는 상황에서는 그 흐름을 끊는 다른 일, 예컨대 통화 또는 문자 확인 등을 해서는 절대 안 된다. 시간표에 맞춘다는 명목으로 굳이 휴식을 취하려 하는 것도 지양해야 할 태도이다.

매일 아침 日日新 又日新 하라

일반적으로 사람들은 새해가 되면 지난 한 해를 되돌아보고 잘못한 점들을 반성하며 마음을 새롭게 다잡는다. 그리고 새해의 계획과 목표를 원대하게 세우고 스스로 마음가짐과 의지를 굳건하게 한다.

그러나 '작심삼일(作心三日)'이라는 사자성어처럼 대부분 얼마

지나지 않아 스스로에게 약속했던 것을 지켜나가지 못하고 처음에 마음속에 다짐했던 굳은 의지는 점차 희석되어 사라지는 경우가 많다.

우리가 살아가는 세상을 둘러싸고 알게 모르게 영향을 미치는 환경과 우리를 흔드는 수많은 요소들로 인해, 처음에 자신이 가졌던 의지와 마음가짐을 끝까지 유지하기란 참으로 쉽지 않다. 나 역시 마찬가지였다. 초등학교 시절, 〈전원일기〉의 노마 역을 맡으면서 길을 걸으면 알아보는 사람들이 많을 정도의 인기를 얻게 되었고 촬영 때문에 학교를 어쩔 수 없이 빠지게 되는 일이 잦았다. 또한 시골에서 야외 촬영을 마치고 한밤중에 집에 돌아오면 졸리고 피곤해서 공부하기가 쉽지 않았다. 공부에 대한 열정과 승부욕, 더 나아가 목표에 대한 확신과 굳은 의지가 조금씩 흔들리는 상황이 계속 나를 괴롭히고 힘들게 했다.

하지만 중요한 것은 이렇게 처음의 마음가짐이 약해졌을 때, 우리가 어떠한 자세를 갖느냐 하는 것이다.

만약 이런 상태에서 그냥 약해진 의지와 흐트러진 마음가짐으로 별다른 액션을 적극적으로 취하지 않는다면 안일한 현재에 익숙해지는 매너리즘에 빠질 수밖에 없다. 그리하여 결국 자신이 처음에 세웠던 꿈과 목표는 점점 멀어져갈 것이다.

우리에게 가장 필요한 자세는 바로 '日日新 又日新'이다. 즉 날마다 마음을 새롭게 갖는 것이다. 잠이 모자라고 피곤한 상황에서 나도 모르게 의지가 약해지려는 순간, 나는 새롭게 또 새롭게 마음을 다잡으며 나의 목표를 굳건히 하였다.

더불어 '타산지석(他山之石)'의 자세도 필요하다. 이 고사성어는 '다른 산의 나쁜 돌도 자신의 산에 있는 옥돌을 가는 데 쓸 수 있다'는 뜻으로 훌륭한 사람들뿐만 아니라 평범한 보통 사람, 혹은 실패한 사람들을 반면교사로 삼아 교훈을 얻을 수 있다는 것이다.

우리의 삶이 어떤 방향으로 흘러갈지는 아무도 예측할 수 없으나 우리 스스로 만들어나가는 것임은 분명하다. 그래서 하루하루가 정말 소중한 것이다. 마음을 새롭게 하면 매일이 똑같은 하루가 아니라 새로운 하루가 된다. 일상의 삶에서 직접 보고 듣고 느끼는 것들을 그냥 무의미하게 지나치지 말고 그 속에서 우리에게 긍정적인 삶의 자세와 가치를 가르쳐주는 무언가를 찾아내어 한 걸음 한 걸음 자신을 성장시키자.

자투리 시간을 천금같이 활용하라

모든 일들은 실제로 보이는 부분보다 보이지 않는 부분이 훨씬 크다. 그것을 준비하기 위해 쏟는 노력과 시간이 엄청나게 필요하기 때문이다. 커다란 규모의 행사는 차치하고 소소한 일들도 준비하는 데 많은 시간과 노력이 필요하다. 공부도 마찬가지다. 우리가 시험을 보는 것은 순간이지만, 그 시험을 위해 오랜 기간 준비하고 노력을 쏟으니까 말이다.

방송도 예외가 아니다. 많은 배우들과 스태프들이 오랜 기간 수차례 촬영하고 편집을 거쳐 한 편의 드라마가 완성된다. 실제 화면에 보이는 시간보다 촬영 자체에 소요되는 시간이 몇 배 더 긴 것은 당연한 일이다. 게다가 촬영 대기 시간, 내 장면이 아닌 다른 배우들의 녹화 부분, 촬영을 위해 이동하는 시간, 특히 〈전원일기〉 야외 촬영은 농촌에서 이루어졌기 때문에, 이런 버려지는 시간들이 아주 많았다.

소위 이런 자투리 시간들이 내게는 너무나 귀한 시간이었다. 더구나 난 촬영으로 인해 어쩔 수 없이 일주일에 두 번 이상 학교를 빠지게 되고 집에서도 공부할 시간이 부족한 상황에 놓여 있었기에 더욱더 그런 시간들이 쓸데없이 낭비해서는 안 될, 어떻게든 알차고 가치 있게 활용해야 하는 시간임은 자명한 일이었다.

고민 끝에 나는 그런 시간들을 어떻게 활용하는 것이 가장 효율적일지 터득하게 되었다. 움직이는 차 안에서는 책을 보지 않고 타자마자 눈을 붙였다. 움직이는 차 안에서 책을 보면 아무래도 흔들림 때문에 집중력이 떨어져 머릿속에 들어오기 어렵고 또한 두뇌가

119

KBS 드라마 촬영장에서

금방 피로해지며 시력에도 상당히 안 좋은 영향을 미치기 때문이다. 틈틈이 눈을 붙여 조금이나마 수면 부족을 덜 수 있도록 노력한 것이다. 우리는 흔히 잠의 가치를 평가절하하는데 잠을 잘 자는 것은 공부를 잘하기 위한 필수 조건일 뿐 아니라 우리의 건강을 좌우하는 중요한 요소다. 잠을 자는 것은 절대 시간 낭비가 아니다. 이렇게 낮에 잠깐씩 눈을 붙이면 단순히 산술적으로 눈 붙인 시간의 합보다 훨씬 더 긴 시간을 맑은 정신으로 공부할 수 있다.

촬영 대기하는 시간에는 가볍게 볼 수 있는 사회와 관련된 교과서나 책을 읽었다. 문제를 푸는 것은 별로 좋지 않다. 문제는 실전처럼 연속해서 풀어야 효과적이고, 더구나 수학의 경우에는 한 문제

한 문제 깊이 사고하며 풀어야 하므로 중간에 끊기면 사고의 과정이 단절되어 비효율적이고 학습 효과도 낮기 때문이다. 사회나 과학 분야의 책이나 교과서를 보는 경우에는 서서 보아도 무방하고 꼭 그 자리에서 읽으며 암기하지 않아도 된다. 나중에 다시 공부할 때 미리 읽은 내용이라 이해하고 암기하는 데 상당히 도움이 되고 효과적이다.

자투리 시간에 손에서 책을 놓지 않는 내 모습을 보신 감독님과 최불암 선생님을 비롯한 여러 연기자분들은 나를 매우 대견해하셨다. 난 그런 시간들이 진정으로 소중하고 귀하게 느껴졌기 때문에 조금이라도 낭비하거나 헛되이 보내는 것을 생각조차 할 수 없었다. 어려서부터 시간의 소중함을 말로써가 아닌 몸으로 경험하였고 중·고등학교, 나아가 대학교 때까지 스스로 작은 시간이라도 가치 있게 계획하고 실천해나가는 습관을 갖게 된 것이다. 오고 가는 버스나 길에서의 시간을 활용하기 위해 고안된 「MP3 교학상장법」도 차후에 소개할 것이다.

한 방울, 한 방울의 물이 모여 폭포를 이룬다. 작은 시간이라도 낭비하지 말고 상황에 따라 계획하여 알차고 가치 있게 활용한다면 자신의 꿈과 목표를 이루는 크나큰 성공의 밑거름이 될 것이라 확신한다.

스톱워치를 활용하라

2011년은 프로야구 출범 30주년을 맞아 어느 해보다도 야구 열기가 뜨거웠다. 야구에서 강팀이 되기 위해서는 공격과 수비 모두 탄탄해야 한다. 아무리 공격력이 좋아도 수비에서 어이없는 실책을 하거나 투수가 무너지면 경기에서 이기기 어렵고, 특히 페넌트 레이스에서는 성적 관리가 안 된다. 공부는 마치 야구와 같다.

스스로 열심히 노력하고 공부의 양을 늘리는 것도 물론 중요하지만, 그에 못지않게 중요한 것은 바로 공부에 방해가 되는 모든 요소들을 배제하는 것이다. 이것은 마치 경기에서 실책을 줄이는 것과 같다. 요즘은 인터넷 동영상 강의로 공부하는 경우가 많은데, 가장 주의해야 할 점이 인터넷 서핑으로 쓸데없이 시간을 낭비하는 것이다. 인터넷은 마치 개미지옥처럼 한 발을 내디뎌 빠져들기 시작하면 멈추기 어려워 자신도 모르게 시간을 낭비하게 된다.

따라서 동영상 강의를 듣는 학생이라면 아예 다른 사이트나 기사는 클릭하지 말아야 한다. 쉬는 시간인데 '이거 하나만 봐야지' 하는 순간 자신도 모르게 공부 시간보다 더 긴 시간을 허비하게 될 것이다.

내가 한의사 국가 고시를 준비할 때의 일이다. 보통 본과 4학년 9월부터 본격적으로 시험공부를 시작해 다음 해 1월 중순에 시험을 본다. 총 17과목으로 암기할 내용이 엄청날 뿐 아니라 기본적으로 많은 학습량이 필요한 시험이다. 마지막 학기에 나는 아예 인터넷 신청을 하지 않았다. 공지사항이나 가끔 올라오는 자료들은 학교 컴퓨터실을 이용했다. 인터넷을 끊으니 자연스럽게 공부 시간이 많아졌다.

내 책상은 말 그대로 책상이었다. 한의사 국가 고시 준비에 필요한 교과서들만 있었던 것이다. 대부분 잠을 줄여가며 공부해야 한다고 생각하지만, 사실 깨어 있는 동안 순수한 공부 시간에만 제대로 공부해도 성공적이다. 난 실제로 스톱워치를 사용해 공부 시간을 점검한다.

스톱워치로 휴식 시간, 식사 시간, 기타 시간을 제하고 순수 공부 시간만 체크해보라. 자신이 생각했던 것보다 훨씬 공부 시간이 적다는 것을 알게 될 것이다. 잠을 넉넉히 8시간 잔다고 가정하고, 세 끼 식사 시간 3시간을 빼면 13시간이 남는다. 그 13시간 중에 휴식 시간 3시간을 제해도 10시간이다. 10시간만이라도 제대로 집중해서 공부하자.

할 만큼 했다는 생각을 버려라

사람들은 자신의 현 위치에서 나름대로의 목표를 세우고 그것을 달성하면 만족하는 경우가 많다. 하지만 스스로 만족하는 순간, 더 이상의 발전은 기대하기 어렵고 그때부터 뒷걸음치는 것과 마찬가지다. 만족하면 거기에 안주하려는 마음이 생기게 되고 그러한 느슨한 마음으로는 한 단계 더 도약하기가 어렵다.

절대 스스로에게 만족하지 말라. 자신이 노력했다는 생각은 버려라.

스스로에게 만족하고, 노력했다고 생각하는 순간 모든 것은 끝이다. 앞으로의 발전은커녕 그때부터 뒷걸음질치는 것과 마찬가지이다.

난 학교 시험은 물론이고, 수학올림피아드나 한문경시대회 등 전국 대회 시험을 포함해 모든 시험에서 언제나 다 맞는 것을 당연한 목표로 하였다. 따라서 한 개라도 틀릴 경우 내가 왜 이 문제를 틀렸는지, 그렇게 풀게 된 과정과 이유 등을 꼼꼼히 분석하고 되짚었다. 이런 과정을 통해 내가 반성할 점, 암기의 허점, 보완할 점 등을 깨닫게 되었다. 전국 대회에서 1등을 했어도 내게 부족한 부분을 찾기 위해 노력했고, 나를 끊임없이 채찍질했다.

최악의 경우를 생각하라

긍정적으로 사고하라! 긍정의 힘이 좋은 결과를 만들어낸다는 의미이다. 물론 맞는 말이다. 공부뿐만 아니라 모든 일에 있어서 자신감이 참으로 중요하다. 그런데 문제는 이 말을 잘못 이해하고 있는 사람들이 많다는 것이다. 세상일은 그렇게 녹록하지 않다. 모든 것이 자신이 원하는 대로 이루어진다면 얼마나 좋겠는가? 객관적으로 그 기대치에 걸맞는 충분한 노력과 정성을 다하였음에도 불구하고 기대만큼의 성과를 얻지 못하는 경우도 상당히 많다. 중요한 것은 그때 어떻게 대처하느냐이다.

최선이 아닌 최악의 경우를 생각하라. 그래야만 난관에 부딪혔을 때 그것을 쉽게 딛고 일어설 수 있다. 최악을 생각한다는 것은 두 가지 측면에서 생각해볼 수 있다.

하나는 공부를 할 때의 자세이다. 우리가 시험을 볼 때는 문제를 푸는 사람의 입장이므로 어떠한 부분이 어느 정도의 난이도로 나올지 예상만 할 수 있을 뿐이지 실제로 우리의 생각대로 문제가 출제되는 것은 아니다. 따라서 어느 부분이 어떻게 어렵게, 어떠한 형태로 나올지는 알 수가 없다. 그저 예측만 할 뿐이다. 따라서 최악의 경우까지 대비해 철저하게 공부해야 한다.

다른 하나는 시험 결과를 대하는 태도다. 최악의 경우를 생각한 사람은 설사 좋지 못한 결과가 나왔다 하더라도 흔들림이 없다. 더 단단해진 모습으로 앞날의 성공을 위해 한 걸음 내딛을 수 있다. 반면 장밋빛 결과만을 예상한 사람은 큰 충격을 받을 것이다. 그것을 극복하지 못해 또다시 좋지 못한 결과를 낳게 되는 악순환을 초래할 수 있다.

쉽게 야구에 비유해서 설명해보려 한다. 프로 야구 개막전, 감독의 머릿속엔 이런 시나리오가 있다. 선발 투수의 원활한 로테이션, 용병 선수의 활약, 신인 기대주들의 잠재력 폭발, 베테랑 선수들의 변치 않는 활약 등등, 시즌이 개막되어 이런 구상이 실제로 다 이루어진다면 정말 아무 걱정 없이 편한 마음으로 한 시즌을 치를 수 있을 것이다. 하지만 감독의 예상과 기대를 빗나가는 일이 한두 가지이겠는가? 이때 최악의 상황까지 생각하여 대비한 팀은 조금 삐걱대는 상황이 생기더라도 곧바로 대안을 마련할 수 있고, 결과적으로 좋은 성적을 기록할 수 있을 것이다.

최악의 경우를 생각한다는 것은 자신을 사지로 몰아넣는 것과 흡사하다. 마음 한구석에 안일함이 자리 잡고 있다면 삶의 태도가 느슨해지기 쉽다. 최악의 경우를 생각하는 절박함 속에서 강한 집중력이 생기게 된다. 긍정적 자세로 자신감을 가지자. 그리고 최악의 상황을 염두에 두고 철저히 준비하자. 그러면 어떠한 결과가 주어지든 자신의 목표와 꿈을 이룰 수 있을 것이다.

공부는 '자신과의 싸움'만이 아니다

'공부는 자기 자신과의 싸움이다' 라는 말이 있다. 당연히 맞는 말이다. 자기 자신을 이겨낸다는 것, 이것이 세상에서 가장 어려운 일일 것이다. 공부할 때는 방해가 되는 유혹들이 너무나 많다. 밖에 나가 놀고 싶고, TV도 마음껏 보고 싶고, 쉬고 싶고, 푹 자고 싶고 등등, 욕구는 참으로 다양하다.

공부는 기본적으로 자기 자신과의 싸움이기도 하지만, 다른 사람과의 싸움이기도 하다. 바로 그 점을 잊지 말아야 한다. 모두가 좋은 결과를 얻을 수는 없다. 시험에서도 등수가 매겨지고, 대회에서도 소수의 입상자와 대부분의 탈락자가 나온다. 그 입상자 중에서도 대상부터 장려상까지 또 나누어진다. 그것이 현실이다. 이 사회는 경쟁을 통해 더 잘하는 사람을 선발하고 그만큼의 보상을 해준다.

다른 사람보다 잘한다는 것은 물론 어려운 일이다. 그렇다면 다른 사람보다 잘하고 있는지를 어떻게 판단해야 하는가? 바로 나 자신을 판단 기준으로 삼으면 된다. 사람들은 거의 비슷하다. 내가 '할 만큼 했다' 라고 생각할 때, 다른 사람들도 보통 그만큼 노력한다. 남들보다 조금 더 괴로움을 감수했을 때, 즉 남들보다 자기 절제를 더 했을 때 비로소 남들보다 앞서 나갈 조건을 갖추는 셈이다.

난 초등학교 때부터 또래 친구들이 겪는 것보다 훨씬 힘든 자기와의 싸움을 시작했다. 촬영으로 일주일에 두 번 이상 학교에 빠지게 되어 보충 공부를 해야 했다. 새벽에 일어나야 했고, 밤늦은 촬영이 끝나고 집에 돌아오면 파김치가 되었다. 잠은 항상 부족했다. 어린 나이에 방송 활동을 하면서 충분히 나태해질 수 있는 상황에 빠져 있었던 것이다.

하지만 난 꿈과 목표가 확실했기에 그 모든 과정을 이겨낼 수 있었다. TV는 전혀 보지 않았고 오락실은 들어가본 적도 없으며, 만화책에도 관심을 기울이지 않았다. 공부에 방해가 되는 여러 유혹들을 완벽히 차단한 것이다. 피곤과 졸음은 다른 경쟁자들을 떠올리며 견뎌냈다. 새벽녘에 촬영을 마치고 집에 온 날에도 수학 문제 몇 개는 풀고서야 잠자리에 들었다. 중요한 것은 공부의 양이 아니라 마음가짐이기 때문이다. 공부를 전혀 하지 않고 잠자리에 들면 그날은 '멈춤'이다. 하지만 몇 문제라도 풀면 '전진'이 된다.

자기 자신과의 싸움을 다른 사람들보다 더 잘 이겨내는 것. 그것이 모든 성공의 핵심이다.

할 때는 하고, 놀 때는 놀자?

하고 싶은 것을 다 하면서 성공을 기대하는 것은 남의 것을 훔치는 것과 같다. 먹고 싶은 거, 보고 싶은 거, 자고 싶은 거 다 하고 만날 사람 다 만나면서 성공으로 가는 길이 멀기만 하다고 세상을 탓하는 것은 어불성설이다. '선택'이란 여러 선택지 중 갖고 싶은 것을 고르는 것이 아니라 어떤 걸 버려야 할지 결정하는 것이다. 진짜 갖고 싶은 것이 있다면 무언가를 포기할 줄도 알아야 한다. 만약 진심으로 공부를 잘하고 싶다면, 공부 이외의 것은 그만큼 포기할 줄 알아야 한다. 다른 사람들과 똑같이 편하게 놀 거 다 놀고, 돌아다니고 하면서 공부를 한다면 그만큼 자신의 목표는 멀어질 수밖에 없다.

흔히 하는 말 중에 '할 때는 하고, 놀 때는 놀고'라는 표현이 있다. 하지만 이것은 틀린 말이다. 상식적으로 생각해보라. 할 때는 하고 놀 때는 논 사람이 잘하겠는가? 할 때도 하고 놀 때도 한 사람이 잘하겠는가? 당연히 후자다.

노력이란 남들만큼 하는 것이 아니다. 힘든 것, 괴로운 것을 참으며 한 걸음 더 내딛는 것, 그것이 노력이다.

공부와 공부 외의 것, 이렇게 2가지로만 분류된다.

끊임없이 생각하고 또 생각하라

우리는 한 순간도 생각하지 않고 살 수 없다. 생각의 힘은 참으로 위대하며, 인간은 생각하는 능력을 토대로 인류 역사를 발전시켜왔다. 공부 역시 생각에서 출발한다.

공부의 본질은 바로 '格物致知'이다. 즉 사물의 이치를 끝까지 탐구하여 완전한 앎에 이르는 과정인 것이다. 따라서 당연한 말이지만 이러한 공부하는 과정에서 가장 중요하고 기본이 되며 필수적인 것은 바로 '생각하는 힘'인 것이다.

그런데 이렇게 중요한 생각의 힘을 대부분의 사람들이 정작 공부하는 과정에 있어 적극적으로 활용하지 않고 있다는 점이 바로 문제다. 즉 공부하는 과정에서 어떤 내용을 습득하는 데 있어 별로 생각하지 않고 그 원리와 이치를 간과한 채, 단순히 암기를 하고 시험 문제를 맞추는 데에만 초점을 맞추어 깊이 생각하는 과정을 생략한 채 요령껏 활자 그대로의 죽은 지식을 머릿속에 넣기에만 급급한 것이다. 역설적이게도 단순히 시험만을 잘 보기 위해 생각하는 과정을 버리고 무작정 암기하고 머릿속에 넣으려 할수록 좋은 결과를 얻을 수 있는 가능성은 점차 멀어지게 된다.

그런데 우리의 현실을 보면 대부분 학원이나 과외 학습에서 단기간에 눈앞의 점수 몇 점을 더 올리기 위한 수업을 하는 과정에서 이러한 제대로 된 과정, 즉 이치를 깊게 생각하는 과정이 실종되고, 학생들 역시 떠먹여 주는 수업에 길들여져 스스로 생각할 수 있는 힘을 제대로 기르지 못하고 자연스레 사고를 통한 응용도 기대할 수 없게 되어가고 있다. 이렇게 습관이 되어버린다면 스스로 공부할 수 있는 힘을 갖지 못하게 되어 궁극적으로는 자신의 발전에 있어 커다란 장애물이 되어버린다. 그뿐만 아니라 공부를 해도 사고의 힘이 부족하여 그것을 받아들이는 과정에 있어서도 한계를 보이게 되고, 더 이상의 발전을 기대할 수 없게 된다.

깊게 생각하고 탐구하면서 그 내용을 완벽하게 이해하고 이치를 깨달아 자신의 것으로 만들어야만 진짜 공부를 했다고 할 수 있다. 이렇게 해야만 배운 내용을 확실히 기억할 수 있고, 이것을 바탕으로 새로운 내용도 쉽게 익히고 더 나아가 그것을 바탕으로 다른 분야에 적극 활용하고 응용하여 창의적인 성과를 이룰 수 있는 가능성이 열리는 것이다.

사실 생각하는 과정은 공부뿐만 아니라 연기, 스포츠 등 다른 분야에서도 꼭 필요하고 중요한 부분이다.

연기의 경우 무작정 연습한다고 해서 좋은 연기가 나오고 발전하는 것이 아니다. 바로 드라마의 전체 내용과 흐름을 잘 파악하고 자신이 맡은 캐릭터를 깊게 생각하여 대사 처리, 감정 표현을 어떻게 해야 맡은 등장인물을 가장 효과적이고 리얼하게 잘 표현할 수 있는지 연구하여야 한다. 더 나아가 각 상황을 생각하여 상황에 가장 알맞게 대사를 할 수 있도록 생각하면서 연습해야 하는 것이다.

스포츠의 경우도 마찬가지다. 야구에서 타자의 예를 한번 생각해보자. 손바닥에 굳은살이 엄청나게 생길 정도로 아무리 스윙 연습을 몇천 번 한다고 하더라도 생각 없는 그러한 연습은 그다지 도움이 되지 않는다. 타자는 실제 경기에서 투수와 승부하는 것이기 때문에 어떠한 투수와 대결하는지, 현재 주자의 상황은 어떤지, 투수가 앞 타자와 어떠한 승부를 갖고 갔는지, 나의 뒤 타자가 누구인지 등 여러 가지를 잘 생각하고 판단하여 투수와 대결해야 한다. 따라서 연습 때도 별생각 없이 스윙만 할 것이 아니라 투수와 볼카운트 등 스스로 여러 각 상황을 설정하고 머릿속에 그려가며 상황에 맞는 타격을 할 수 있도록 연습하여야 타격 실력 —진정한 야구 실력— 이 향상될 수 있고, 이렇게 해야만 타격에 눈을 뜰 수 있는 것이다.

이와 같이 생각하는 과정은 매우 중요하여 여러 번 강조해도 지나치지 않다. 덧붙여 공부하는 과정에서의 생각하는 것뿐만 아니라 다른 측면에서도 끊임없이 생각해야 한다는 말을 하고자 한다. 그것은 바로 공부하는 방법 —예컨대, 어떻게 하면 가장 효과적이고 효율적으로 암기할 수 있는지— 에 대해 끊임없이 생각하고 그것을 토대로 자신에게 가장 적합한 방법을 개발하라는 것이다.

난 초등학교 때부터 적은 시간 동안 엄청난 학습량을 소화해야 했기에 자연스럽게 '어떻게 하면 어려운 문제도 잘 풀 수 있고, 많은 양을 어떻게 해야 효과적으로 외울 수 있을까?' 하는 생각을 끊임없이 하면서 나에게 가장 좋은 방법을 개발, 즉 내 스스로 공부에 대한 노하우를 터득하고 축적하여 정립해왔다. 이것은 공부에 있어 정말 중요한 포인트다.

대부분의 사람들은 개인적인 성향에 따라 공부하는 스타일이 다르다. 따라서 내가 이 책에서 소개하는 암기 비법이나 공부 노하우들이 모든 사람들에게 최선이라고 단정할 수는 없다. 자신에게 맞는 최선의 공부법을 스스로 만들어나가야 한다. 자신의 성향과 장단점들은 자기 스스로가 가장 잘 알기 때문이다.

끊임없이 생각하고 다각도로 탐구하자. 사고의 힘은 정말 위대하고, 공부의 본질은 바로 사고하는 과정에 있다. 하나하나 사물의 이치를 탐구하고, 원리를 깨닫도록 노력하자. 그리고 자신에게 가장 적합하고 최선이 될 수 있는 공부 노하우를 찾기 위한 생각을 꾸준히 하자. 가장 훌륭한 길은 자신 스스로가 만들어가는 것이고, 해답도 역시 자신에게서 구해야 한다.

공부는 밑 빠진 독에 물 붓기다

공부를 하는 과정은 밑 빠진 독에 물 붓기와 같다. 이 문장을 본 독자들은 바로 무슨 말인가 대부분 의아해하실 것이다. 왜냐하면 '밑 빠진 독에 물 붓기'라는 속담은 흔히 헛수고를 하는 경우를 일컫는 말이기 때문이다. 하지만 내가 여기서 공부를 '밑 빠진 독에 물 붓기'라고 표현한 것은 이러한 의미를 가리키는 것이 결코 아니다. 바로 공부한 부분을 잊어버리는 양보다 더욱 많은 양을 학습하고, 배운 것을 잊어버리는 망각의 속도보다 더욱더 빠른 속도로 기억한 부분을 반복 학습함으로써 빠져나간 부분보다 훨씬 더 많은 학습량을 쏟아야 한다는 것을 말하려고 하는 것이다. 더불어 그만큼 공부하는 것이 쉽지 않은 과정이라는 점도 말이다.

'암기를 두려워하지 말라'의 장에서도 조금 언급한 바 있지만, 인간은 망각의 동물이기 때문에 배우고 학습한 것을 전부 다 소화하기 어렵다. 이해하고 암기를 한다 해도 두뇌의 용량은 한정되어 있고, 특히 일상생활의 내용이 아닌 새롭게 공부를 통해 배운 학습 내용과 지식들을 온전히 암기하여 머릿속에 저장하여 제대로 정리하는 일이란 더욱더 어려운 일이 될 수밖에 없다. 따라서 정도의 차이는 있지만 배운 것을 잊어버리는 것은 자연스러운 것이고 어쩔 수 없는 것이다. 하지만 여기서 중요한 것은 바로 잊어버리는 양과 속도보다 더욱 많은 양을 더욱더 빠르게 여러 차례 복습함으로써 빠져나가는 것을 줄이고 지식을 축적해나가는 과정이다. 이게 바로 실제 공부의 진짜 과정이다.

그런데 밑 빠진 독에 물을 부어 그 독에 가장 많은 양의 물을 채우기 위한 가장 최선의 방법은 과연 무엇일까? 이제까지 말한 것처럼 빠져나가는 물의 양보다 채우는 물의 양을 더욱 많게 하는 것, 그게 가장 좋은 방법일까? 아니다. 가장 최선의 방법은 그 독 자체를 물속에 아예 담그는 것이다. 물속에 아예 그 독 자체를 넣는다면 그 독은 가득 차게 된 것이기 때문이다.

그렇다면 공부에 있어 이것이 주는 의미를 곰곰이 생각해보자. 독을 아예 물속에 푹 담그는 것, 이것은 바로 공부하는 과정 자체에 자기 자신을 던져 푹 담가야 하는 것을 의미한다. 즉 다시 말해 우리가 일상생활과 분리하여 '이제 공부를 해야지', '자! 공부를 하자'라는 생각조차 아예 들지 않도록 그냥 자연스럽게 공부하는 과정이 생활 속에 한 부분으로 녹아들어야 함을 강조하고 싶다. 특별히 의식하지 않고 공부라는 깊은 강 속에 자신을 던져 푹 잠기게 하는 것, 그리고 그 강물의 흐름에 자연스럽게 몸을 맡기는 것. 그것이 가장 최고의 방법이다.

무한반복!
안 되면 될 때까지

무. 한. 반. 복. 가장 단순한 문구이면서도 이처럼 중요하고 또 실천하기 쉽지 않은 것도 없을 것이라 생각된다.

우리가 살아가면서 보고 듣고 겪는 모든 일에 있어, 특히 어떤 훌륭한 성과나 좋은 결과들 자체만 놓고 보면 한 번에 또는 비교적 쉽게 그것이 이루어졌다고 보이거나 생각하는 경우가 많다. 하지만 그것은 외부에서 그렇게 보이는 것이고 우리는 그것을 이루어내기까지의 힘든 인고의 과정을 직접 보지 못하였기 때문에 잘못 생각하고 있는 것이다. 발명왕 에디슨을 생각해보자. 수천 번의 시도를 거쳐 전구를 발명한 것이다. 스포츠에서도 마찬가지다. 야구를 볼 때 훌륭한 타격을 해내는 타자를 보면서 '저 선수는 참 공을 쉽게 쳐낸다'라는 생각이 들 때가 많다. 그렇게 빠르고 각도 크게 꺾여 들어오는 공을 멋진 안타로 만들어낼 수 있기까지 그 선수가 소화해낸 엄청난 타격 연습과 체력 훈련을 우리는 잘 알지 못하는 것이다.

이것은 공부에 있어서도 마찬가지다. 다른 사람들이 보기에는 어려운 시험 문제도 쉽게 쉽게 풀고, 문제에 대해 또는 공부 방법에 대해 물어보면 편하게 대답한다고 하여도 그러한 수준에까지 도달하기 위해 끊임없이 생각하고 완전히 자신의 것으로 만들기 위한 무한

반복의 과정을 묵묵히 인내하였기에 가능한 것이다.

그런데 대부분의 사람들은 몇 번 해보고 잘되지 않으면 자꾸 주저하고, 외부의 환경과 조건을 탓하려고 하는 경향이 강하다. 세 번 해서 안 되면 네 번, 네 번 해서도 잘 안 되면 한 번 더 책을 보고 더욱더 집중력을 높이는 적극적인 자세가 필요하다. 또한 남들에 비해 노력한 만큼의 결과가 나오지 않는다 하더라도 계속 노력을 기울여야 한다. 공부는 경제학 법칙을 따라가면 안 된다. 남보다 적은 노력으로 더욱 좋은 결과를 얻으려는 생각을 버리고, 남들보다 조금이라도 더 노력하고 자신이 부족하고 아직 기대에 미치지 못하였다면 힘들겠지만 거기서 한 단계 더 나아가 뛰어넘어야 한다. 그래야만 진정 자신의 목표를 제대로 이루어낼 수 있는 것이다.

무한반복하자. 안 되면 될 때까지 말이다. 그리고 자신이 그것을 완벽하게 해낼 수 있을 때까지 이 과정을 묵묵히 인내하며 정진해나가자.

마지막이라는 생각으로 책을 보라

"나는 근대 인물 39인의 전기를 저술하면서 그들의 공통점을 생각해봤다. 그중 가장 눈길을 끈 것은 39명 중 31명이 가난하고 불우한 환경에서 자랐다는 점이었다. 후에 나는 다시 현대 인물 43인의 전기를 썼는데 이 중 32명이 가난과 역경을 딛고 성공했다는 사실을 알았다."

이 말은 소년 시절 방직공, 기관 조수, 전보 배달원, 전기 기사 등으로 어려운 시절을 보냈고, 후에 미국 최대의 철강 회사를 세워 세인의 존경을 한 몸에 받은, 바로 '강철왕' 앤드루 카네기가 한 말이다.

자신에게 닥친 엄청난 고난과 역경을 딛고 오히려 그것을 승화시켜 훌륭한 업적을 이룩한 사람은 너무나도 많다. 찢어지게 가난함과 환경의 불리함을 딛고 대통령이 되어 흑인 노예를 해방시킨 에이브러햄 링컨, 귀가 들리지 않는, 음악가로서는 가장 치명적인 상태가 되었음에도 오히려 더욱 훌륭한 불후의 명곡들을 작곡한 베토벤, 암을 이겨내고 기적적인 전무후무한 뚜르 드 프랑스 사이클 대회 7연패를 달성한 인간 승리의 표본 랜스 암스트롱, 루 게릭병에 걸렸음에도 불구하고 블랙홀의 연구 등에 있어 빼어난 업적을 남긴 세계 최고의 물리학자인 스티븐 호킹 등 말이다.

이러한 사실은 우리에게 시사하는 바가 크다. 단순히 '불굴의 의지를 갖고 열심히 노력하라' 라는 당연한 진리를 말하려는 것이 아니다. 바로 공부하는 과정에 있어서, 즉 책을 보는 자세에 있어 '마지막이라는 생각으로 책을 보라' 는 말을 하려는 것이다.

즉 인간이 어떠한 절박하고 극단적인 상황에 놓이게 되면 평소

때보다 훨씬 더 놀라운 힘을 발휘하게 되기 때문에, 바로 공부하는 과정에서 책을 볼 때도 마지막으로 본다는 생각으로 공부를 하게 되면 일반적인 학습 능력보다 훨씬 더 높은 학습 능력 그리고 더욱더 높은 집중력을 발휘할 수 있게 된다.

한두 번씩은 시험을 바로 앞두고 벼락치기 공부를 해본 경험이 있을 것이다. 그때의 경험을 한번 떠올려보자. 다른 때보다 훨씬 더 머리가 맑아지고 집중력과 기억력이 상승하는 것을 느끼지 않았는가? 맞다. 절박한 상황이 되어 자연스럽게 몸이 반응하고 두뇌가 반응하여 그렇게 높은 집중력과 기억력이 순간적으로 발휘될 수 있었던 것이다.

따라서 결론은 간단하다. 바로 평소에도 그러한 벼락치기할 때의 자세와 마음가짐으로 긴장감을 잘 유지하여 공부하는 습관을 가져야 한다는 것이다. 이것은 바로 배수진(背水陣)의 자세와 일맥상통한다고 볼 수 있다.

그런데 한 가지 가장 중요한 차이점이자 주의해야 할 점은 바로 상황 자체를 실제로 배수진의 상태로 만들면 절대 안 된다는 것이다. 실제로 배수진을 치면 정황 자체가 매우 불리하기 때문에 전략적으로 패배할 확률이 높다. 다만 배수진으로 절박한 상황에 몰렸을 때 발휘될 수 있는 강력한 힘이 나올 수 있도록 기대하는 것이다.

공부에 있어서도 마찬가지다. 마지막이라는 생각으로 항상 책을 볼 때 긴장감과 높은 집중력을 유지하라는 의미이지 실제로 배수진의 상태, 즉 평소에 공부를 게을리하다가 실제로 시험이 코앞에 닥치는 절박한 상태를 만들면 절대 안 된다는 것이다.

시험장에서 모든 것을 쏟아부어라

"끝날 때까지 끝난 것이 아니다." MLB 명예의 전당에 헌액된 전설적인 야구 선수 '요기 베라'의 명언이다. 난 야구를 좋아해서 대학 시절 〈배트릭스〉라는 한의대 야구 동아리에서 활동했고, 내가 회장이었을 때 전체 리그 우승을 차지하기도 하였다.

2007년, 약대와 경기할 때였다. 그날 나는 4번째 타석에 들어섰고 2스트라이크 2볼 상황에서 변화구에 헛스윙을 하였다. 그런데 포수가 공을 제대로 잡지 못해 스트라이크 낫 아웃 상황이 되었다. 포수가 바로 공을 주워 태그하려 했지만 나는 글러브를 피하며 1루로 전력질주하였다. 당황한 포수가 공을 던졌지만 정확한 송구가 이뤄지지 않아 1루에서 세이프가 되었다. 득점 없이 끝날 뻔한 공격이 나의 전력질주로 인해 득점을 하게 되었고, 그 결과 경기에서 승리를 거두었다.

이것은 공부에 있어서도 똑같이 적용된다. '공부를 어떻게 해왔는지'도 중요하지만, 그에 못지않게 '시험을 어떻게 치르느냐'도 상당히 중요하다. 시험장에서는 모든 것을 쏟아부어야 한다. 종료 벨이 울리기 전까지는 절대 끝난 것이 아니다. 자신이 예상했던 것보다 어렵게 출제되었을 때, 또는 시간이 부족할 때 누구나 당황하게 된다. 하지만 그럴수록 집중력을 높여야 한다. 사실 시간이 다소 부족한 상황에서도 집중력과 침착성을 유지한다면 최소한 몇 문제라도 더 맞출 수 있다. 또한 한두 문제가 생각대로 잘 풀리지 않고 기억이 나지 않는다 하여 지레 포기하는 마음을 갖게 된다면 그것으로 시험은 끝이다. 끝날 때까지 계속 노력해야 한다. 그러면 풀리지 않던 문제들도 결국 해결될 확률이 높다. 머릿속에 흐릿하게 저장된 기억이라도 시험 문제와 보기들을 살펴보고, 자꾸 끄집어내려고 노력하다 보면 분명 실마리가 보일 것이다.

난 어떤 시험이든 항상 내가 가진 모든 것을 쏟아부었다. 특히 전국 대회의 경우 항상 시험 시작 전에 찬물로 세수를 하여 정신을 맑게 하고 차분하게 마인드 컨트롤을 하였다. 시험이 시작되면 시험에 대한 생각 이외에는 아무 생각도 들어오지 않고 아무 소리도 들리지 않는 완전 몰입 상태가 될 수 있었다.

96년도 전국 해법수학 수학경시대회 때였다. 당시 문제를 풀다가 연필이 바닥에 떨어졌지만 줍지 않고 바로 책상에 꺼내어져 있는 여분의 연필로 문제를 풀었다. 시험 감독께서 그 모습을 보고 '예사롭지 않다'고 기억하셨나 보다. 후에 시상식에서 내가 대상 수상자인 것을 보고 그분이 당시의 얘기를 해서 알게 된 사실이다. 사실 내가 그랬는지 기억이 나지 않지만, 그만큼 시험에 완전 몰입했던 것은 사실이다.

또 다른 전국 수학올림피아드나 한문경시대회에서도 증명 문제를 풀다가 막히거나 생각이 나지 않는 문장이 있는 경우, 시험 종이 울릴 때까지 포기하지 않고 끝까지 정답을 찾기 위해 모든 에너지를 머리에 집중했다. 증명 문제는 다각도로 끊임없이 사고하고, 한문경시대회나 암기를 필요로 하는 시험은 주변의 내용들과 공부 당시의 이미지, 책에서 본 활자 그대로의 이미지를 떠올리는 등 모든 방법을 동원하였다. 내 능력을 남김없이 100% 발휘한 것이다.

공부에도 '나비 효과'가 있다

우리의 삶을 가만히 들여다보면 놀라운 점이 많이 있다. 그중 하나는 우리에게 일어나는 일 하나하나가 절대 독립적으로 발생하는 것이 아니라는 점이다. 내게 일어나는 모든 일들은 과거 나의 생각이나 사소한 행동, 그리고 다른 사람들의 말이나 행동이 직접 또는 간접적으로 영향을 미쳐 발생하는 것이다.

이것이 바로 우리가 잘 알고 있는 '나비 효과'이다. 나비 효과란 '북경에서 나비가 날갯짓을 하면 미국에 거대한 태풍이 몰려온다'는 데서 유래한 것이다. 아무리 사소한 사건이나 행동이라 하더라도 미래에 엄청난 영향을 미치게 된다는 의미다. 우리 주변에서 벌어지는 모든 일들은 겉으로 보기엔 아무 상관 없어 보이지만 실제로는 모든 것들이 마치 거미줄처럼 얽힌 인과 관계에 놓여 있다. 영화 '나비 효과'와 '슬라이딩 도어즈'를 보면 순간의 사소한 선택이 미래를 통째로 뒤바꿔놓는다. 굳이 영화를 예로 들지 않더라도 우리 삶 자체가 나비 효과의 연속이라는 것을 잘 알 수 있다. 예컨대 엊그제 놀지 않고 단 한 시간을 더 공부했더라면 시험 결과가 훨씬 잘 나올 수 있었을 것이고, 수업 시간에 잠깐 졸았을 때 선생님께서 하신 말씀이 시험에 나올 수도 있다. 또 시험 보기 몇 분 전 책을 훑어보았는데, 마침 그 부분에서 시험이 출제될 수도 있는 것이다.

또 다른 사람들의 말이나 행동 하나가 내게 커다란 영향을 미쳐 미래를 바꿔놓을 수 있다. 부모님이나 선생님 또는 친구의 충고나 격려가 삶의 터닝 포인트로 작용해 좋은 태도와 습관으로 이어지고 성공의 밑거름이 되는 것처럼 말이다. 반면 어떤 시련이나 나쁜 친구들로 인해 자신도 모르게 안 좋은 길로 빠져들게 되어 삶이 수렁에 빠질 가능성도 있다. 우리는 주어진 매 순간 최선을 다해야 한다.

뒤돌아보았을 때 어떤 순간도 후회로 남지 않도록. 그리고 자신을 성장시키기 위해 주위의 모든 긍정적인 요소들을 활용해야 한다. 사소한 것들이 모여 긍정적 영향을 미치고, 미래를 훌륭한 방향으로 이끈다.

순간을 소중히! 그리고 신중한 태도로 최선을 다하자. 중요한 것은 눈에 보이지 않는다.

지금 안 하면 영원히 못 한다

"미래를 사는 놈은 현재를 사는 놈한테 죽는다." 영화 〈아저씨〉에서 원빈이 비장한 목소리로 읊조리던 말이다. 상당히 재미있으면서 의미 있는 말이다.

과거, 현재, 미래, 우리에겐 모두 중요하다. 과거는 앞으로의 발전 방향을 제시해주고 다양한 교훈을 준다. 역사를 배우는 것도 지나온 일들에서 잘한 점은 더 발전시키고, 잘못된 점은 철저히 반성하여 그러한 잘못을 더 이상 범하지 않기 위해서다.

'미래'는 아직 펼쳐지지 않은 시간으로 삶의 원동력이다. 행복한 미래에 대한 희망이 있기에 우리 모두는 오늘을 살아갈 수 있는 것이다. 그러나 미래는 현재를 어떻게 살아나가느냐에 따라 결정된다. 과거의 영광, 혹은 실패에 얽매여 살고 있는 사람은 절대 앞으로 나아갈 수 없다. 매 순간 전진하는 사람에게 갈수록 뒤처지게 된다. 과거를 반성하는 데 그쳐서도 안 된다. 과거를 통해 배운 소중한 교훈을 현재에 실천해나가야 한다. 가장 중요한 것은 지금 이 순간이다. 현재의 순간순간이 모여 미래가 완성되기 때문이다.

우리는 시간이 소중하다는 사실을 너무나도 잘 알지만, 머릿속으로만 혹은 이론적으로만 알고 있는 것에 그친다. 시간의 소중함을 절실히 느끼고 현재의 삶에 놓인 모든 것들에 최선을 다해야 한다. 무가치한 것에 시간과 에너지를 낭비하기엔 우리에게 펼쳐진 이 세상이 너무 넓고, 우리에게 주어진 시간은 너무 짧다.

'及時當勉勵 歲月不待人'

이 말은 '모름지기 때에 맞게 마땅히 힘쓰고 또 힘쓸진저, 세월은 사람을 기다리지 않으니' 라는 뜻으로 우리 집의 家訓이기도 하다. 모든 일에는 때가 있는 법이다. 현재 자신에게 가장 중요한 일을 스스로 깨달아 그것에 힘쓰고 또 힘써야 한다. 내가 이 책 전체에서 궁극적으로 말하고 싶은 것은 단순히 공부를 잘할 수 있는 방법론이나 열심히 공부해야 하는 당위성이 아니다. 바로 자신에게 가장 소중한 것을 놓치지 말고 최선을 다해야 함을 말하고 싶은 것이다. 우리의 삶은 한 번 사는 것일 뿐 아니라 우리의 꿈을 이루고 마음껏 펼치기에 그리 긴 시간은 아니다. 또한 삶은 각자 스스로가 사는 것이지 누가 대신 살아주거나 선택해줄 수 없다. 그렇기에 매 순간 신중하게 현명한 판단을 해야 하며 최선을 다해야만 나중에 되돌아보았을 때 후회가 없는 것이다.

공부는 할 수 있을 때 해야 한다. '다음'이란 아예 존재하지 않는다. 자신의 멋진 미래와 꿈을 이루기 위해 고통스러움을 인내하고 한 걸음 한 걸음 나아가야만 자신의 최종 목표에 도달할 수 있다. 그런데 이것은 강요에 의해서는 절대 안 된다. 자신이 스스로 느끼고 깨달아야만 가능한 것이다. 난 어려서부터 지금까지 공부하라는 말을 단 한 번도 들은 적이 없다. 내 스스로 해야 할 때라는 것을 깨닫고, 나의 꿈을 이루기 위해 꾸준히 노력해왔다.

우리에게 가장 중요한 과제는 바로 매 순간을 소중히 여기고, 최선을 다해 후회 없는 삶을 꾸려가는 것이다. 이것을 제대로 해낼 수 있다면 분명 성공한 삶이라 확신한다.

지금 하는 일이 최고로 중요한 일이다

지금 내가 하는 일이 객관적으로 아무 쓸모 없는 것일 수도 있다. 하지만 그 일을 하는 나는 그것이 아무 쓸모가 없다고 생각해서는 안 된다. 그러면 그 일을 무사히 끝마칠 수 없기 때문이다. 우리가 세상을 살아가면서 어떠한 일에 매진을 하여, 그러한 일들이 잘 풀리고 좋은 결과가 나올 때는 그 일의 가치와 중요성, 그리고 당위성에 대해 전혀 의심을 하지 않는다. 그리고 자신의 목표 역시도 흔들리지 않는다.

하지만 자신의 생각대로 일이 잘 안 풀리거나 기대대로 성과가 나타나지 않는 경우에는 '내가 지금 무엇을 하고 있는가? 지금 이 일이 정말 나에게 가치 있는 일인가?' 이런 생각을 자꾸 하게 된다. 이렇게 자신의 목표에 대한 확신이 흔들리면 끝없이 회의가 들기 시작하고 스트레스를 받게 되며 주저하게 한다. 이러한 상태로는 아무리 노력한들 실패로 이어질 것이 불을 보듯 뻔하다.

자신이 목표를 정하고 매진하기 시작한 이상 절대 스스로를 의심하지 말아야 한다. 자신에 대한 의심과 삶에 대한 회의를 갖는 순간 목표는 흔들릴 수밖에 없고 그렇게 되면 절대 그 목표를 이룰 수 없다.

우리가 하는 공부도 마찬가지다. 각자 원대한 꿈과 목표를 세우고 공부에 매진하지만 한순간 매너리즘에 빠지고 어느 날 문득 공부 자체가 혹은 외워야 하는 내용들이나 문제를 푸는 일들이 하찮게 생각될 수도 있다.

하지만 절대 그렇지 않다. 해나가는 공부 하나하나가 꼭 필요한 것이고 가치 있는 일임을 명심해야 한다.

쉽게 끝이 보이지 않기 때문에 조바심이 나고, 지금의 현실 그리고 내 자신이 정말 초라하고 작아 보여도 내일의 멋진 자신을 떠올리며 노력하자. 지금 하는 일이 정말 중요하고 가치 있는 일이다.

주저하지 말자. 의심하지 말자. 지금의 열정과 노력이 반드시 알찬 열매를 맺게 해줄 것이다.

공부에 지쳤을 때

자신의 강점을 최대한 활용하라

사람들의 능력과 적성은 제각기 다르다. 좋아하는 부분 또한 다르다. 공부에 있어 자신의 강점을 정확히 파악하고 그것을 극대화하는 것이 무엇보다 중요하다.

이것은 두 가지 측면에서 효율적 역할을 하는데, 하나는 자신이 잘하는 부분을 극대화하면서 자신감을 얻을 수 있다는 점이다. 자신감은 앞에서도 언급한 바 있지만 학습 성과와 능률이라는 측면에서 꼭 필요한 요소다. 이렇게 얻은 자신감은 다른 부분, 즉 자신이 약한 부분을 공부하는 데에도 탄력을 받을 수 있게 해준다. 또 다른 하나는 자신이 강점을 갖고 있는 부분은 완벽하게 점수를 얻어놓고 들어간다는 점이다. 이렇게 믿을 구석이 생긴다면 공부에 자신감이 생겨

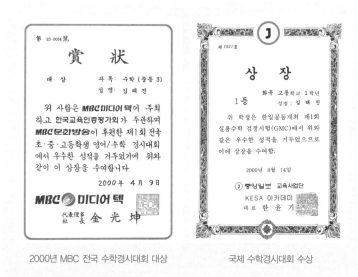

2000년 MBC 전국 수학경시대회 대상   국제 수학경시대회 수상

효율이 높아질 수밖에 없다.

　나의 경우 국제 수학올림피아드 한국 대표였고, 전국 수학경시대회에서 대상 10회, 한문경시대회에서 대상 7회라는 기록을 세웠다. 두말할 것 없이 수학과 한문은 내가 어디에서도 내세울 수 있는 최고의 강점이었다. 전국 국어올림피아드 금상을 수상했으니 국어 역시 나의 강점이라 할 수 있겠다. 시험 기간에도 이 과목들은 따로 공부를 많이 할 필요가 없었고, 항상 쉽게 백 점을 맞을 수 있었다. 이런 강점을 바탕으로 다른 과목들 역시 편한 마음으로 공부할 수 있었다.

　수학이라는 한 과목만을 집중해 살펴보자. 나는 수학 중에서도 기하학을 특히 좋아했고, 다른 부분보다 뛰어난 능력을 발휘했다. 아마 공간 지각력이 높아서일 것이다. 이런 강점을 극대화한 것이 중앙일보와 한일 양국이 공동 개최한 수학 검정 시험인 GMC (Global Mathematics Championship) 대회이다. 시험의 마지막 증명 문제는 두 문제 중 하나를 응시자가 선택해 풀도록 되어 있었다. 고난도 증명 문제로 배점 역시 가장 컸는데, 그중 한 문제가 바로 나의 강점인 논증 기하학 문제였다. 난 주저 없이 그 문제를 선택하여 논리정연하게 증명을 해내었고, 그 대회에서 1등을 차지하게 되었다.

전국 해법수학 수학경시대회에서 2년 연속 대상을 쉽게 수상할 수 있었던 것도, 다른 수많은 전국 대회에서 여러 차례 대상을 수상할 수 있었던 원동력도 나의 강점을 잘 살렸기 때문이라 확신한다.

야구에서 투수들은 결정구를 가지고 있다. 가장 자신 있는 구질과 로케이션이 타자를 잡을 수 있는 결정구다. 다른 부분이 괜찮다 하더라도 이 결정구가 빼어나지 못하다면 절대 최고의 투수가 될 수 없다. 랜디 존슨의 슬라이더, 베리 지토의 커브, 리베라의 컷 패스트볼 등이 그렇다. 타자가 공을 예측하더라도 절대 손댈 수 없는 결정구가 있어야 승리 투수가 될 수 있다. 공부를 하는 과정도 마찬가지다. 자신의 강점을 잘 파악하여 그것을 극대화하는 노력이 필수적이다.

돌다리도 두들겨보고 건너라?

'돌다리도 두들겨보고 건너라' 라는 속담이 있다. 이 말은 모든 일에 신중을 기하고 미리 확인하는 것이 좋다는 교훈이 담겨 있다. 하지만 시험공부를 함에 있어서 때로는 '정말 굳건한 다리는 굳이 두들겨볼 필요가 없다' 는 것이 나의 생각이다. 이게 대체 무슨 말인가 의아하게 생각하는 분들이 많을 텐데 차근차근 설명해보겠다.

공부를 하면서 이러한 경험은 누구에게나 있을 것이다. 예컨대 A부분은 처음 보았는데, 그것도 딱 한 번 봤는데 머릿속에 생생하게 남아 있고 절대 잊어버리지 않는다. 반면 B부분은 여러 번 보고 공들여 암기를 했는데도 정리가 되지 않고 쉽게 잊어버리게 된다. 같은 내용의 책을 보아도 제각각 기억에 남는 부분이 다른 것처럼, 공부하고 암기함에 있어서도 사람마다 척척 기억해내는 부분과 그 정반대인 부분이 다르다.

위의 예에서 A부분이 바로 '굳건한 다리' 이다. 이 부분은 1회, 많아도 2회독 정도만 하면 된다. 시험공부에 있어 주어진 시간은 공평하다. 주어진 시간에 놀고 쓸데없이 시간을 허비하는 극소수를 제외한다면 실제 공부하는 시간은 대체로 비슷할 것이다. 따라서 그 시간 내에서 최대한의 효과를 발휘해야 한다. 내가 지금 말하려는 것은 최선을 다하는 노력과 끈기, 그리고 높은 집중력은 기본적으로 갖춰진 상태를 전제로 한 것이다.

'굳건한 다리'의 회독 수를 높여 공부한다는 것은 시간 낭비인 셈이다. 그 시간에 정말 머리에 잘 안 들어오는 것, 시험에 꼭 나올 거라 외워야 할 것들을 집중 공략하여야 할 것이다.

시험이란 결국 다른 사람들보다 더 좋은 점수를 얻어야 하는 경쟁이다. 주어진 같은 시간 내에 '굳건한 다리'에 자꾸 신경을 쓰고 투자하게 되면 그만큼 다른 사람들과의 경쟁에서 앞서 나갈 수 없다.

'굳건한 부분'은 굳이 두드리지 말고 과감히 지나가자. 갑자기 기억이 안 난다거나 틀릴 일은 절대 없을 테니까.

모든 것은 내 탓이다

시험을 치른 후 결과가 좋든 나쁘든 그 결과는 모두 자신의 책임이다. 현재의 내 삶은 내가 나를 만든 만큼 펼쳐지고 있는 것이다. 따라서 행복도 나의 몫이고 불행 역시 나의 몫이다.

'훌륭한 목수는 연장을 탓하지 않는다'는 말이 있다. 이것 역시 같은 의미다. 대부분의 사람들은 실망스러운 결과가 나왔을 때 자기 합리화를 하는 경향이 있다. 시험의 경우, 시험장 환경이 안 좋았다든지, 컨디션이 좋지 않았다든지, 내가 잘 모르는 부분에서만 출제되었다든지, 내 탓이 아닌 다른 곳으로 책임을 돌리고 스스로를 위로한다. 더 심각한 것은 그런 말과 생각을 하면서 그것이 핑계가 아니라 실제라고 생각한다는 점이다.

'以責人之心으로 責己하고, 以恕己之心으로 恕人하라' 라는 유명한 경구가 있다. 바로 '남을 책망하는 마음으로 자신을 꾸짖고, 자신을 용서하는 마음으로 남을 용서하라' 는 뜻으로, 남에게는 관대하고 자신에게는 엄격해야 함을 역설하고 있다.

자신에게 관대함을 베풀지 말라. 모든 것은 내 탓이다.

다른 곳으로 책임을 전가하는 순간, 자신의 마음은 편해질지 모른다. 하지만 그뿐이다. 주어진 상황에서 도망가게 되면 더 이상 길은 보이지 않게 된다. 실패했던, 또는 부족했던 원인을 나에게서 찾아내고 반성하는 시간은 누구에게나 고통스럽다. 하지만 그런 과정을 통해 어떠한 부분을 보완해야 하는지, 다음엔 어떻게 대처해야 할지 해답을 찾아낼 수 있다. 그래야 이전보다 훨씬 더 발전한 자신의 모습을 볼 수 있을 것이다.

'어려운 일'과 '불가능한 일'은 절대 같지 않다

보통 수석 합격자 또는 사회에서 성공한 사람들의 인터뷰를 들어보면 '자신은 남들과 다를 바 없는 평범한 사람이다' 라는 말을 빼놓지 않는다.

하지만 이 말을 잘못 이해해서는 안 된다. 자기가 평범하다고 말하는 것은 자신이 가지고 있는 기본 능력, 에너지, 주변 환경들이 평범하다는 것이다. 성공하기 위해서는 그냥 평범해서는 안 된다. 특히 그 분야의 최고가 되기 위해서는 남들과는 다른 특별함을 가지고 있어야 한다. 사고(思考)와 자세에서 모두 그렇다. 난 그 특별함을 '목표 의식과 도전 그리고 인내'라고 정의한다.

나폴레옹은 '내 사전에 불가능이란 없다' 라는 말을 남겼다. 요즘 광고에서도 불가능은 아무것도 아니라고 이야기하지 않는가? 하지만 불가능이라는 것이 없을 수는 없다. 다만 근원적, 물리적 불가능이 아닌 것들에 대해서도 대부분의 사람들이 쉽게 포기하고 한계를 규정지어버리는 것이 문제인 것이다. '불가능한 일'과 '가능하지만 매우 어려운 일'은 하늘과 땅 차이다. 그런데도 보통 사람들은 쉽게 한계를 짓고 도전조차 꺼려한다.

내가 다른 사람들과 다른 점들 중 하나가 바로 이것이다. '〈전원

올해의 어린이 상 수상(1993)

일기〉 노마, 한의사가 되다' 라는 내용으로 TV 프로그램이나 인터뷰 등이 여러 차례 소개되면서 그 내용은 인터넷 기사로도 퍼져나갔다. 중·고등학교 수석 입학과 졸업, 전국 수학경시대회, 한문경시대회 대상을 휩쓸고 전국 국어올림피아드 금상, 전국 백일장 수상으로 금 강산 여행, 교육부에서 우수 학생으로 뽑혀 한일 민간외교사절단으 로 연수, 서울대 영재 1기생, 서울시 고교 과학 우수학생 실험반, KAIST 전국 수학캠프 등에 참여한 것을 얘기하면 다들 깜짝 놀란 다. 그리고 연이은 질문들은 한결같이 '어떻게 그런 것들을 다 이루 었는지, 어떻게 그게 가능한지?' 였다.

　일반적으로 거의 불가능하다고 생각하는 것을 이루었다고 생각하기 때문이다. 당시 내가 처한 상황은 정말 힘들고 어려웠다. 학교 수업을 밥 먹듯 빠졌고, 밤늦게까지 촬영하는 날이 많아 공부 시간이 턱없이 부족했으며, 항상 피곤하고 잠이 부족한 상태였다.

하지만 난 내 스스로 한계를 규정짓지 않았다. 매우 어려운 일일 뿐이지 불가능한 것은 아니기 때문이다. 공부와 연기, 모두 완벽하게 하고 싶었기 때문이다. 나는 승부욕이 강했다. 힘들고 지칠 때마다 내 꿈을 이루기 위해서는 이런 어려움쯤은 이겨내야 한다고 스스로에게 다짐했다.

한계를 규정짓지 말자. 나의 잠재력과 의지를 믿자. 그래야만 자신의 목표와 꿈에 한 걸음 한 걸음 가까워질 것이다.

'고통'은 참아내면 되지만 '포기'는 영원한 상처로 남는다

이 세상에서 가장 바보 같은 일 중 하나가 도전해보지도 않고 포기하는 일이 아닐까 한다. 사람들은 여러 가지 주변 환경에 대한 생각, 그리고 자신의 능력과 잠재력을 과소평가해 이루지 못할 것이라 포기하는 경우가 많다. 또는 가능과 불가능의 양쪽 끝을 반복적으로 재기만 하면서 주저하는 경우도 있다.

하지만 시작해보지도 않고 포기하는 것은 정말 후회스러운 일이다. 물론 시작한다고, 그리고 노력한다고 모든 것이 자신의 뜻대로 잘 이루어지지는 않을 수도 있겠지만 시도조차 하지 않는다면 가능성은 제로인 것이다.

고통은 참아내면 된다. 하지만 포기는 영원히 상처로 남는다. 시도해보지도 않는 것, 가슴에 손을 얹고 스스로 최선을 다해보지도 않은 상태에서 포기한다는 것은 비참하다. 또 '어차피 해봐도 안 될 게 뻔해'라고 자신의 포기를 정당화해 마음의 평안을 얻는다 해도, 그것은 자신의 진짜 마음을 감추고 스스로를 기만하는 것이다.

최선을 다해보지도 않고 중간에 포기했다면 지금의 내가 있을 수 없었을 것이다. 사실 한의대 입학도 그 당시 상위 0.25퍼센트에게만 개방된 좁은 문이었다. 더구나 난 문과로 교차 지원을 한 상황이었기 때문에(경희대는 그 당시에도 교차 지원이 불가능하였다) 더욱더 어려운 일이었다. 하지만 그동안 내가 기울여온 노력이 있었기에 당당하게 합격할 수 있었다.

인생은 운명이 아니라 도전이다. 순간순간마다 최선을 다해 도전하는 것이 떳떳하고 후회 없는 삶을 만든다. 인생은 실패할 때 끝나는 것이 아니라 포기할 때 끝나는 것이다. 최악은 도전하여 얻은 실패가 아니라 바로 시도조차 하지 않고 포기하는 것이다.

자신이 실제로 도전해보기 전까지는 자신이 어느 정도까지 해낼

수 있는지, 즉 자신의 무한한 가능성을 절대 알 수 없다. 설령 자신
이 기대했던 결과가 나오지 않는다 하더라도 그 경험은 시간 낭비가
아닌 또 다른 출발의 디딤돌이자 발판이 될 것이다.

공부는 게임이다

'공부는 게임이다.' 이 말을 듣는 순간 대부분의 사람들은 '말이 쉽
지' 또는 '틀에 박힌 말이지' 라고 생각할 것이다. 그리고 '따분한
공부가 어떻게 게임과 같으냐?' 고 반문하는 사람들도 있을 것이다.
　하지만 난 여기서 그런 틀에 박힌 내용을 쓰려는 것이 절대 아니
다. 공부를 바라보는 여러 가지 시각을 제공해 정말 '공부는 게임'
이라는 사실을 확실하게 알려주고 싶은 것이다. 공부의 기본적 의미
는 여러 매체를 통해 우리에게 유익한 것들을 습득하고 그러한 지식
들을 바탕으로 쌓은 이해력과 사고력으로 새로운 문제를 해결해나
가는 과정이다. 물론 우리가 공부하는 가장 현실적인 이유는 시험을
잘 보기 위함이다.

　이러한 공부는 '출제자와의 게임', 그리고 '책과의 게임' 이렇게

두 가지 측면에서 접근해볼 수 있다.

첫째, 출제자와의 게임!

시험을 잘 보기 위해서는 기본적으로 책을 잘 읽고 이해하여 중요한 핵심들을 정확하게 암기해야 한다. 더불어 그에 못지않게 중요한 것이 문제를 출제한 출제자와의 두뇌 대결이다. 출제자는 이해와 암기가 제대로 되지 않은 학생들이 오답을 선택하게 만들 방법을 연구한다. 즉 잘못된 부분을 그럴듯하게 만들고, 착각을 유도하는 함정을 판다. 반대로 시험을 보는 사람의 입장에서는 출제자가 만들어놓은 함정, 착각하기 쉬운 부분을 정확하게 짚어내어 오답 쪽으로 손이 가지 않도록 하기 위해 노력한다.

따라서 시험을 잘 보기 위해서는 생각하는 공부를 해야 한다. 내가 출제자라면 어떻게 문제를 구성하고 어떤 식으로 함정을 만들 것인지 생각해가며 정확하게 이해하고 암기해야 한다. 특히 '비교와 대조'는 공부 방법에 있어 아주 중요하다. 비슷한 부분은 묶어서 공부하고 차이점들은 정확히 이해하고 암기해야 실제 시험에서 어설프게 알아 착각하거나 함정에 빠지는 불상사를 막을 수 있다.

둘째, 책과의 게임!

공부가 책과의 게임이라는 생각으로 공부에 임한다면 정말 여러 가지 측면에서 놀라운 효과를 가져올 수 있다. 우선 책을 게임 속의 적이라고 생각해보자. 그 책을 완벽하게 이해하고 암기하여 자신의 것으로 만드는 과정이 바로 그 책과 대결해 승리하는 것이다. 우리가 보아야 할 책을 게임의 대상이라고 생각하면 자연스럽게 승부욕과 오기가 생겨 더욱더 강한 집중력으로 어려운 책도 격파할 수 있게 된다.

이 두 가지 관점뿐 아니라 시야를 좀 넓혀보면 우리가 공부하는 과정 자체가 게임의 연속임을 알 수 있다. 실제 게임을 잘하기 위해서는 적들을 공격하는 기술도 중요하지만, 그에 못지않게 적들의 공격을 잘 막고 피해야 한다. 공부하는 과정도 이와 같다. 우리가 공부를 효과적으로 해나가는 것도 중요하지만 공부에 있어 방해 요소, 즉 인터넷, TV, 나태함, 놀고 싶은 유혹 등을 얼마나 잘 차단하느냐도 중요하다.

또 난이도가 낮아 쉽게 이기는 게임은 쉽게 지루해지고, 어려운 게임일수록 더욱 빠져들듯이 공부 역시 너무 쉽고 단순하면 재미가 없고 승부욕이 떨어질 수밖에 없다.

공부는 게임이다. 출제자와 그리고 책과의 치열한 대결 속에서 우리의 승부욕을 불태우자. 그리고 어려운 내용과 과정일수록 마치 게임의 마지막 스테이지를 깬다는 마음가짐으로 더욱더 집중하여 도전하자. 그러한 과정에서 자신도 모르게 몰입하게 되어 더욱 높은 집중력과 도전 정신이 솟아나고 이것을 바탕으로 하나하나 게임에서 승리하듯 공부 역시 차근차근 하나씩 이루어나간다면 결국 자신의 최종 목표와 꿈을 반드시 달성할 수 있을 것이다.

一切唯心造(일체유심조)

'一切唯心造'는 내가 개인적으로 좋아하는 문구이다. 모든 것은 마음먹기에 달려 있다. 어찌 보면 너무 모범적이고 전형적인 교훈이라 별 감흥 없이 받아들이는 사람들이 많을 것이다. 하지만 내가 말하고자 하는 것은 마음에 따라 상황이 다르게 보인다는 것이 아니다. 마음먹기에 따라 객관적으로 결과가 크게 바뀐다는 것을 얘기하려는 것이다. 우리의 신체는 기계가 아닌 유기체로서 자연의 일부다. 이것은 한의학에서 사람을 바라보는 관점과 일치한다. 우리의 정신과 육체는 별개로 떼어놓고 볼 것이 아니라 상호 영향을 주고받으니, 당연히 정신과 심리 상태가 신체에 막대한 영향을 미치게 된다.

이는 의학계에서 이미 검증된 플라시보 효과(placebo effect), 다시 말해 위약 효과와 일맥상통하는 것이다. 플라시보 효과는 약효가 전혀 없는 약을 약이라고 속이고 환자에게 투여하였을 때 환자들의 상당수가 호전되는 결과를 보이는 것을 말함으로써, 심리 상태가 인체의 질병까지 치유하는 힘을 가지고 있음을 잘 보여준다. 더 나아가 환자 스스로 꼭 나을 수 있다는 희망과 확신을 갖는 경우, 놀랍게도 난치병임에도 불구하고 자연스럽게 완치되는 경우를 종종 볼 수 있다. 이것이 바로 '마음의 기적'인 것이다.

치료 효과뿐만 아니라 우리 일상생활과 가까운 모든 일들에서 마음먹기에 따라 결과가 확연히 달라지는 경우는 적지 않다. 예컨대 야구 시합에서 객관적으로 타자를 충분히 제압할 만한 구위를 갖고 있음에도 불구하고 타자와의 심리 싸움에서 이미 지고 들어가는 경우가 있다. 흔히 이런 투수들을 새가슴이라고 한다. 그러면 아무리 위력적인 공이라도 볼넷을 내주고 안타를 맞는다. 반대의 경우도 역시 가능하다.

공부하는 과정에 이를 적용해보자. 자꾸 잊어버릴 것 같고 제대로 못 외울 것 같다는 부정적인 마음가짐으로 암기를 한다면 생각 그대로 절대 제대로 외워질 리가 없다. 그러나 긍정적인 자세로 임한다면 같은 능력으로 똑같은 것을 외워도 결과는 정반대로 나타날 것이다. 그뿐만 아니라 공부에 대한 자신감과 목표에 대한 열정은 우리 몸에 바로 영향을 주어 피곤해도 피곤함이 느껴지지 않고, 객관적으로 잠이 부족하고 졸려야 당연한 상황에서도 맑고 총명한 정신을 유지할 수 있다. 우리가 어떠한 자세와 마음가짐을 갖느냐에 따라 객관적인 능력이 다소 못 미치더라도 충분히 그것을 커버할 수 있다.

자, 이제 선택은 여러분들의 몫이다. 공부에 있어, 더 나아가 삶에 있어 어떠한 자세와 마음가짐을 가질 것인가? 여러분들의 선택에 따라 엄청나게 다른 미래가 펼쳐질 것이다.

강력한 동기부여와 이미지 메이킹

삶에 있어 매일매일은 비슷한 일상의 반복이다. 기쁜 일이든 슬픈 일이든 특별한 일은 가끔씩 일어난다. 이는 공부에 있어서도 마찬가지다.

공부를 하다 보면 처음에 다짐했던 각오와 의지는 점차 약해지게 되고, 집중력과 능률 역시 떨어진다. 따라서 공부하는 과정에 있어 동기 부여가 반드시 필요하다. 동기 부여는 우리가 처음에 세웠던 목표를 확실하게 유지시켜주고, 자칫 매너리즘이나 슬럼프에 빠졌을 때 그것을 극복하고 끝까지 목표와 꿈을 향해 나아가게 해주는 원동력이다.

동기 부여란 그렇게 거창한 것이 아니다. 개인마다 추구하는 가치관과 상황을 받아들이는 느낌이 다른 만큼 정형화할 수는 없지만, 중요한 것은 적극적으로 스스로에게 동기 부여를 할 수 있는 요소들을 끊임없이 찾아야 한다는 점이다.

동기 부여할 수 있는 것들은 시각을 조금만 넓히면 우리 주변에 무수히 많이 존재한다. 스스로 어떤 목표를 정하여 그것을 달성했을 때 자신에게 일정한 보상을 주게 할 수도 있고, 이루고 싶은 꿈을 떠올리며 그것을 이룬 자신의 모습을 상상할 수도 있다. 그뿐만 아니라 부모님의 기뻐하는 모습 역시 동기 부여가 될 수 있다.

이러한 동기 부여의 요소들을 더 확실하게 할 수 있는 것이 바로 구체적인 이미지를 머릿속으로 떠올려보는 '미래의 이미지 메이킹'이다. 자신의 목표를 확실히 설정하고 그것을 이루어냈을 때의 자신의 모습을 구체적으로 떠올려보자. 더 나아가 자신의 꿈이 이루어졌을 때의 모습, 그 위치에서 자기가 해보고 싶었던 일이나 하고 싶었던 말을 생각하면 기쁨, 성취감 등을 리얼하게 맛볼 수 있다. 슬럼프에 빠지거나 극심한 스트레스가 오더라도 쉽게 탈출할 수 있는 비결이 될 수 있는 것이다.

지게에 옹기를 지고 이곳저곳 팔러 다니는 가난한 옹기장수를 예로 들어보자. 먼 훗날 고래 등 같은 기와집에서 사는 이미지를 떠올린다면 무거운 옹기 짐이 가볍게 느껴질 것이다. 물론 자신의 노력이 뒷받침되어야 함은 두말할 필요가 없다.

하루하루에 의미를 부여하고 동기를 부여하여 좀 더 활기차고 적극적인 삶을 살아가기 위해 노력하자. 그리고 목표를 이루었을 때의 자신의 모습을 구체적으로 떠올리며 얻은 열정의 힘을 바탕으로 끝까지 정진하자.

知之者 不如好之者, 好之者 不如樂之者 (지지자 불여호지자, 호지자 불여락지자)

'知之者 不如好之者, 好之者 不如樂之者'. 이것은 논어 옹야 편에 나오는 공자님 말씀으로 '그것을 아는 자는 그것을 좋아하는 자만 못하고, 그것을 좋아하는 자는 그것을 즐기는 자만 못하다' 라는 뜻이다. 주석을 살펴보면 '안다는 것은 진리가 있음을 아는 것이다. 좋아한다는 것은 좋아만 했지 완전히 얻지 못한 것이다. 즐긴다는 것은 완전히 얻어서 이를 즐기는 것이다' 라고 풀이되어 있다.

이는 공부에 있어서도 완전히 맞아 들어가는 말이다. 노력하지 않는 사람보다는 열심히 노력하는 사람이 그만큼 잘할 수 있는 것은 당연한 이치다. 또한 의무감으로 자신에게 주어진 일을 열심히 하는 사람보다 스스로 그것을 즐기면서 하는 사람이 더 좋은 성과를 얻을 것이다. 똑같은 정성과 노력을 기울인다 해도 '할 수 없이 하는 자'와 '즐기는 자'는 차원이 다르다. 바로 수동적 자세와 능동적 자세에서 오는 차이다.

사실 '노력하는 자'와 '즐기는 자'의 노력이 같아 보인다 해도 실상은 그렇지 않다. 실제로는 양도 다를뿐더러 질적인 측면에서 확연한 차이가 난다. 의무감에서 공부하는 사람은 자신의 능력을 최대한 발휘할 수 없다. 스스로 최선을 다했다 생각할지 몰라도 사실은 자신의 잠재력을 전부 쏟아낼 수 없는 것이다.

반면 공부를 정말 즐기는 마음으로 하는 사람은 자신이 가진 능력의 100%, 아니 그 이상을 발휘할 수 있다. 즐기면서 하면 그만큼 공부에 능동적인 자세로 임하게 되어 같은 양의 공부를 해도 받아들이는 능력이 훨씬 더 높아지게 된다. 암기에 있어서도 기억이 더 오래 남을 수 있고, 공부한 것을 토대로 응용력을 발휘하며 관련된 다른 내용들을 쉽게 깨칠 수 있다. 즉 의무감으로 노력하는 자가 하나를 배우면 하나를 깨닫는다면, 즐기는 마음으로 노력하는 자는 하나를 배우면 열을 깨달을 수 있다.

이 글을 읽는 독자들 중에는 '말이 쉽지. 공부를 어떻게 즐기면서 해?'라고 생각하시는 분들도 꽤 계실 것 같다. 하지만 그런 분들은 공부를 즐긴다는 것을 너무 거창하게 생각하거나 아예 즐기는 마음을 갖기 위해 노력조차 해보지 않은 분들일 것이다. 공부를 즐기는 것은 특별한 사람만이 할 수 있는 미덕이 아니다. 사실 크게 본다면 우리의 삶 자체가 공부하는 과정이 아닌가? 학교에서 배우는 공부, 시험 대비를 위한 공부는 삶이라는 광의의 공부 안에 포함되어 있는 협의의 공부인 셈이다. 매일 같은 일상을 반복하지만 그 속에서 삶의 재미와 즐거움을 느낄 수 있듯이, 협의의 공부를 하는 데에도 이러한 마인드를 견지하면 된다. 대부분의 사람들이 공부가 따분하다고 느끼는 이유는 바로 활자에 갇혀 공부하고, 우리가 속해 있는 사회와 환경과는 철저히 분리된 공부를 하기 때문이다. 사실 학교에서 배우는 모든 공부는 우리에게 필요한 것들이다. 단순히 공부를 위한 공부인 것은 없다. 그뿐만 아니라 시험도 우리가 알아야 할 것들을 출제하는 것이다. 그게 바로 시험의 본질적인 목적이기 때문이다.

국어는 일상생활에 필요한 언어 능력, 책을 읽을 때 반드시 갖춰야 할 독해력과 어휘력을 길러준다. 수학은 우리가 살아가는 데 꼭 필요한 사고력과 논리력을 길러주는 모든 학문의 기초라 할 수 있다. 또 사회는 말 그대로 우리가 소속되어 있는 사회에 대해 배우는 것이고 국사는 대한민국 국민으로서 꼭 알아야 할 국가의 역사를 배우는 것이다. 과학은 우리의 모든 생활 속에 녹아들어 있으며, 특히 기초 과학은 고차원 과학의 토대가 될 뿐 아니라 우리의 사고력을 발달시켜주는 중요한 학문이라 할 수 있다. 영어는 굳이 중요성을 언급하지 않아도 될 듯하다.

이처럼 모든 과목들이 우리의 삶과 매우 밀접하게 연결되어 있다. 따라서 우리가 이제까지 해왔던 틀에 박힌 공부, 활자 속에서의 공부, 단순히 시험 문제를 맞히기 위한 공부라는 관념에서 벗어나 열린 사고와 자세를 갖는다면 참된 공부의 즐거움을 느낄 수 있을 것이다. 모르고 있던 것을 새롭게 알아내고 그것을 적용하여 또 다른 것들을 깨치는 과정에서 얻는 즐거움만큼 큰 즐거움도 없다.

이제 공부에 대한 마인드를 바꾸고 책을 바라보자. 분명 공부에서 예전의 따분함이 아닌 진정한 즐거움을 발견할 수 있을 것이다.

실수와 시행착오를 최소화하라

'실패는 성공의 어머니'라는 유명한 격언이 있다. 세상사에 있어 실패를 하였을 때 무엇이 원인인지 알고 대책을 세운다면 그다음은 성공을 할 수 있을 것이다. 하지만 실패는 가능한 한 피해야 하고 최소화해야만 하는 존재다.

시험을 볼 때 착각하거나, 또는 아는 것인데 제대로 읽지 않아 틀리는 경우를 우리는 모두 실수라 부른다. 그리고 시험에 불합격하거나 자신이 기대한 만큼의 점수가 나오지 않는 것을 실패라 부른다.

가장 좋은 것은 우리 스스로 실수와 시행착오를 최소화하는 것이다. 실수와 시행착오, 그리고 실패를 통해 배우는 것은 차선책이다. 수많은 시행착오를 겪고 그것을 토대로 성공한다는 시나리오는 우리에게 주어진 한정된 시간과 에너지를 감안해보면 피해야 한다. 그뿐만 아니라 잦은 실수와 시행착오는 점점 더 자신을 위축시켜 자신감을 잃게 만들고 자신도 모르는 사이 패배의식에 빠지게 한다.

생각해보라. 처음부터 실수 없이 완벽하게 해내는 사람과 실수와 시행착오를 겪으면서 다시 그것을 힘겹게 딛고 일어서야 하는 사람

중 누가 더 앞서 나가겠는가? 당연히 전자일 것이다. 따라서 신중함과 완벽함으로 처음부터 실수와 시행착오를 겪지 않도록 만반의 준비와 노력을 기울여야 한다. 이렇게 했는데도 실수를 하게 되면 좌절하지 말라. 곧바로 그것을 딛고 일어나라. 사람은 완벽할 수 없기에 가끔은 이런 과정을 통해 부족한 부분을 보완하고, 잘못된 부분을 바로잡을 필요가 있다.

모든 에너지를 나 자신에 집중하라

세상엔 무수히 많은 사람들이 있고 무수히 많은 문제들이 존재한다. 개인별로 보더라도 자신이 해야 할 일과 자신이 소속된 인간관계 등 신경 써야 할 일이 너무 많다. 하지만 한 사람이 갖고 있는 육체적, 정신적인 에너지는 한정되어 있다. 그렇기에 우리의 에너지를 하나에 집중해야 그 분야에서 성공을 이룰 수 있다. 여러 가지를 다 잘하려고 하지 말라. 우리를 둘러싸고 있는 사회에서 일어나는 일들에 지나치게 신경 쓰고 에너지를 소비하는 것을 지양해야 한다.

난 성격상 내가 집중하는 일 이외의 잡다한 일에 무심했기에 내가 이루려는 목표를 향해 나의 모든 에너지를 집중할 수 있었다. 우리가 굳이 신경 쓰지 않는다 해도 세상은 잘 돌아가게 마련이다. 드라마에 나오는 연기자나 가수의 이름, 신상 정보 등은 정말 쓸데없는 것들이고, 최신 유행 트렌드에 지나치게 얽매이거나 자신과 무관한 남의 일상까지 신경 쓰고 참견하는 것은 정말 소중한 시간과 에너지를 낭비하는 일이다.

가장 중요한 것은 각자 주어진 일, 그리고 자신의 목표를 위해 최선을 다하는 것이다. 각자 자신의 분야에서 열심히 노력하여 뛰어난 성과를 얻는다면 그것들이 시너지 효과를 내어 이 사회가 더욱더 발전할 수 있는 것이다. 우리의 육체적, 정신적인 에너지와 우리에게 주어진 시간은 그리 충분하지 않다.

따라서 힘을 하나에 집중해야 하고, 그 하나는 바로 자신이 되어야 한다. 삶의 중심은 나 자신이고, 삶의 목적과 존재의 이유도 바로 나다. 세상이 장밋빛이고 주변 사람들이 모두 행복하다 하더라도 내가 성공하지 못하고 내가 건강하지 못하고 내가 행복하지 못하면 아무런 의미가 없다. 내 스스로에게 집중하여 끊임없이 나를 발전시켜 성공한 멋진 삶을 살아가야 한다. 그것이 나뿐만 아니라 나의 가정, 나의 국가, 이 세상에 공헌하는 최선의 길이다. '修身齊家 治國平天下'의 참된 의미를 되새겨보자. '修身'이 가장 중요하고 근본이 됨을 마음속에 되새기자.

내가 컨트롤할 수 없는 부분은 무시하라

2011년 3월 일본에는 역사적인 대지진이 일어났다. 땅이 갈라지고 엄청난 해일이 마을을 뒤덮고, 건물과 다리가 붕괴되고, 심지어 원전이 폭발하는 등 이루 말할 수 없는 엄청난 피해가 발생했다. 하지만 이런 엄청난 자연재해는 우리가 통제할 수 있는 영역이 아니다. 다만 이러한 지진을 최대한 예상하고, 지진이 일어났을 때의 피해를 최소화할 수 있는 대비책만 강구할 수 있을 뿐이다. 물론 그것도 매우 어려운 일이긴 하다.

이를 공부에 대입해보자. 내가 컨트롤할 수 있는 부분만 생각하고, 거기에 집중하여 최선을 다하면 된다. 공부하는 과정에서 내가 통제할 수 없는 외부적인 요인은 신경 쓸 필요도 없고, 신경 쓴다고 해결되는 것도 아니다. 예컨대 시험의 범위, 시험의 난이도나 문제의 성향, 고사장의 환경 등은 내가 컨트롤할 수 있는 부분이 아니다. 우리 스스로의 힘으로 해결할 수 있는 부분에만 초점을 맞춰 노력하면 그것으로 충분하다. 컨트롤할 수 없는 외부적 변수에 대해서는 어떻게 대처할지에 대해서만 생각하고 준비하면 된다.

내가 연기 활동을 할 당시에도 나는 연기하는 것에만 집중했다. 어떻게 하면 표정 연기와 대사 처리를 자연스럽게 잘할 수 있는가만 생각했다. 극 중 내 역할과 대사, 내 얼굴 자체의 이미지는 내가 컨트롤할 수 있는 부분이 아니다. 『오세암』과 『몽실 언니』라는 작품은 캐릭터 이미지와 맞지 않는다는 이유로 역할을 맡을 수 없었다. 반면 〈전원일기〉의 경우, 노마의 이미지가 나와 딱 맞았기에 캐스팅될 수 있었다. 물론 같은 이유로 연기하기에도 편했다.

'盡人事 待天命' 바로 '사람으로서 할 수 있는 최선을 다한 후에 하늘의 뜻을 기다린다'는 것이다.

내가 컨트롤할 수 있는 부분만 생각하자. 그것에 자신이 가진 모든 힘을 집중하자. 그리고 그 결과를 겸허히 받아들이면 되는 것이다.

슬럼프는 단순함으로 극복하라

세상은 갈수록 복잡하고 치열해지고 있다. 살아가려면 해결하고 조정해야 할 것들이 너무나도 많기에 아무 걱정 없이 마음 편히 살기란 정말 어려운 일이다. 공부를 하는 과정도 그리 만만치가 않다. 정도의 차이는 있겠지만 누구에게나 시험에 대한 스트레스나 결과에 대한 걱정, 자신을 괴롭히는 공부 외적인 것들이 있다. 이것을 한마디로 슬럼프라 부르는데, 중요한 것은 이러한 고비가 찾아왔을 때 '어떻게 최대한 빠른 기간 내에 극복하고 예전의 활기찬 모습을 회복하느냐' 이다.

슬럼프를 이겨낼 수 있는 방법은 바로 '힘들수록 단순하게 생각하라' 는 것이다. 복잡하게 여러 가지 문제들이 꼬여 있다는 생각이 들수록 더욱더 단순하게 생각해야만 그 문제들을 해결할 수 있다. 사실 우리의 걱정거리나 스트레스 들을 곰곰이 따져보면 생각했던 것처럼 그리 심각한 것이 아닌 경우가 많다. 시간이 자연스럽게 해결해주는 문제도 많고, 크게 생각되었던 문제들이 정작 맞닥뜨려보면 그리 대수로운 것이 아니었음을 깨닫게 된다. 이 사실을 간과하지 말라. 힘들수록 차분하게 이성적으로 판단해야 한다.

'급할수록 돌아가라' 라는 말도 있지 않은가. 슬럼프도 마찬가지다. 복잡할수록 단순하게 생각하고, 가장 중요한 것 하나만 바라보라. 그러면 복잡하게 꼬였다고 생각되었던 문제들이 해결되고, 걱정거리나 스트레스도 사라지게 된다.

힘들수록 단순하게 생각하자. 진리는 언제나 가까운 곳에, 해답은 단순한 것에 존재한다.

힘들 땐 마음을 들여다보라

우리는 공부를 하는 과정에서 여러 가지 스트레스를 많이 받게 된다. 공부한 만큼 결과가 나오지 않아 생기는 스트레스, 공부 자체로 인한 스트레스, 공부를 하는 과정에서 여러 가지 욕구를 절제해야 하는 데서 오는 스트레스 등 그 종류도 다양하다. 일반적으로 스트레스가 건강에 좋지 않다는 것만 알지만 스트레스를 방치 또는 극복하지 못하는 것이 공부하는 데에 있어서 최대의 적이라는 것은 잘 알지 못하거나 간과하는 경우가 많다.

한의학에서 바라보는 스트레스의 본질은 바로 火熱이다. 수승화강(水昇火降)의 기의 순환이 잘 이루어져야 건강해질 수 있는데, 水昇火降이 잘되려면 두한족열(頭寒足熱), 즉 머리는 차게 발은 따뜻하게 해야 한다. 그런데 스트레스를 받게 되면 스트레스의 본질인 火熱이 위로 치솟게 되어 水昇火降이 이루어지지 않게 된다. 그리하여 스트레스는 기억력과 인지력을 떨어뜨리고 집중력의 저하도 가져온다.

마음을 다스리자. 스트레스를 이겨내야 건강한 두뇌를 만들 수 있다.

마음이 편치 않고 스트레스가 쌓여 있는 상태에서 공부가 제대로 될 리가 만무하다. 기분이 좋게 공부하여야 두뇌가 더욱더 잘 돌아간다. 스트레스가 생기면 그때그때 산책과 명상 또는 기분 좋은 음악 등으로 날려버려야 한다. 또한 스트레스가 쌓일 때는 어느 정도 휴식을 취해야 한다. 이게 바로 휴식의 진정한 가치다. 휴식은 휴식이 아니라 공부를 위한 꼭 필요한 재충전의 과정인 것이다.

그보다 가장 중요한 것은 바로 우리의 사고의 전환이다. 사람은 어차피 대부분 비슷해서 공부하는 데 있어 누구나 겪는 과정인 것이다. 그냥 지나가는 과정이라 생각하고 남들도 다 그러려니 하고 생각하면 편하다. 힘들지 않으면 그것은 제대로 된 공부가 아니다. 오히려 그만큼 힘들다는 것은 제대로 공부하고 있다는 방증이다. 따라서 한결 마음을 편하게 갖고, 다행스럽게 생각할 일이다.

사실 우리가 받는 스트레스의 원인을 곰곰이 생각해보면 대수롭지 않은 것들이 더 많다. 그리고 설령 그러한 원인들이 있다고 하더라도 그런 것들보다 더 많은 즐거운 일들, 그리고 하루하루의 성취감으로 스트레스를 충분히 이겨낼 수 있다. 소소한 행복에 기뻐하고 감사하는 마음가짐을 가져야 한다.

유연한 사고로 마음을 다스리자. 그러면 공부뿐만 아니라 모든 일이 잘 풀릴 것이다.

보상에 연연하지 말라

공부를 열심히 하기 위한 방편으로 좋은 결과를 얻었을 때 스스로에게 보상을 주기로 약속할 수 있다. 또 목표를 이루었을 때 따라오는 돈이나 명예를 떠올리며 스스로를 채찍질하기도 한다. 어떤 동기 부여 없이 공부하게 되면 능률도 안 오르고 슬럼프에 빠졌을 때 쉽게 빠져나오기 어렵기 때문이다.

그런데 이런 동기 부여는 대부분 물질적인 것인 경우가 많다. 물론 동기 부여가 없는 것보다는 훨씬 효과가 좋을 것이다. 하지만 한 단계 더 올라서기 위해서는 조금 부족하다.

진정한 성공은 바로 자아 성취에서 나온다. 돈이나 명예를 위해 노력하는 것이 아니라 자신의 성취를 위해 도전하고, 그 결과를 쟁취했을 때 진정한 성공이라 할 수 있다.

물론 말처럼 쉬운 일은 아니다. 하지만 결과를 이루어냈을 때 받을 수 있는 보상만 계속 바라본다면 진정한 동기 부여가 아니다. 보상 때문에 공부하는 것이 습관처럼 되어버린다면 보상이 감소하거나 사라지게 될 때 쉽게 의욕을 상실한다.

나 역시 큰 대회에서 대상을 수상하여 장학금과 상패를 받고 이름을 알리는 것이 큰 동기 부여가 되었지만 **공부를 할수록 공부 자체에 대한 성취감이 더 중요했다.** 수학의 경우, 어려운 문제를 스스로 풀었을 때의 기쁨은 실로 크다. 고난도의 증명 문제를 풀며 이 기쁨의 절정을 누릴 수 있었다. 문제의 조건과 증명해야 할 결론 사이에 작은 실마리를 찾아내어 결론을 도출해가는 과정을 통해 수학의 묘미를 느낀 것이다.

한자의 경우도 마찬가지였다. 단순히 대회를 위한 공부가 아니라 한자 공부 자체에 재미를 느꼈다. 한 글자 한 글자 배워나가는 즐거움이 있었다. 처음 보는 한자가 나오면 직접 사전을 찾아가며 익혔고 그것을 다시 활용했다. 고사성어도 단순히 암기하는 공부가 아니라 고사성어의 유래와 함께 실제 '이런 상황에는 이런 고사성어를 써야겠구나' 하는 생각으로 공부했다. 중·고등학교 때는 명심보감, 사서삼경 등을 원문으로 읽으며 자연스럽게 문법을 익히게 되었고 고문진보 등을 보며 한시의 매력에 푹 빠지게 되었다.

정말 잘하고 싶다면 그것에 미쳐라

정말 잘하고 싶다면 그것에 미쳐야 한다. 열정적으로 푹 빠져야 한다. 그런데 대부분의 사람들은 의지가 약해서도 그렇지만, 주위의 시선을 지나치게 의식하기 때문에 미치지 못한다. 다른 사람들이 어떻게 생각하는지는 그리 중요한 것이 아니다. 열정적으로 몰입하는 것은 정말 멋진 일 아닌가? 보통 사람들은 남의 일을 잘 알지도 못하면서 이러쿵저러쿵하는 경향이 많다. '이렇게 했는데도 잘 안 되면 사람들이 어떻게 생각할까?' 라고 걱정할 필요가 없다. 내 인생은 내가 사는 것이다. 사소한 것들에 신경을 쓰기 시작한다면 정말 원대한 일을 이룰 수 없다.

하지만 어떤 일에 미치도록 몰입하는 것이 쉬운 일이 아니다. 최고의 자리에 오른 사람들을 보며 감탄하지만 정작 그들이 얼마나 혹독하게 자신을 단련하며 노력했는지는 잘 알지 못하고 절실히 공감할 수도 없다.

정말 원하는 목표가 있다면 그것에 미쳐라. 단순한 이야기일지 모르지만 꼭 기억해야 할 한마디다. 나 역시 이 글을 쓰는 지금 이 순간도 다시 한 번 마음에 되새기는 소중한 좌우명이다.

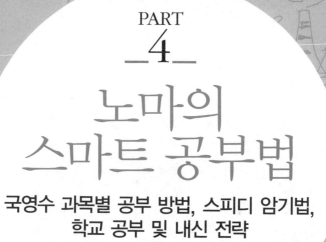

노마의
스마트 공부법

국영수 과목별 공부 방법, 스피디 암기법,
학교 공부 및 내신 전략

전원일기 노마에서 한의사로 돌아온 김태진의 열혈 공부 이야기

전 과목의 기본이 되는 국어 공부 전략

국제화 시대에 발맞추어 영어는 단순한 외국어가 아닌 제2의 모국어라 불릴 정도로 중요성이 커지고 있다. 그런데 이렇게 영어의 중요성을 강조하다 보니 국어 공부를 소홀히 하는 경향이 있다. 영어 독해 자체는 잘하는데 정작 그 해석한 것을 제대로 이해하지 못하는 학생들이 많다고 한다. 정말 부끄러운 일이고, 큰 문제가 아닐 수 없다. 국어는 수학 과목과도 매우 밀접한 관계를 갖고 있다. 수학 문제를 풀 때는 사고력과 논리력, 판단력이 중요하지만, 그에 못지않게 수학 문제를 읽고 그 문제의 요지를 정확하게 파악할 수 있는 문장의 이해력과 독해력이 필수적이다. 특히 문장제의 경우 긴 문장에서 핵심을 잡아내고 정확히 이해하는 능력이 부족하면 결코 해결해낼 수가 없다.

◈ 한자 학습과 정독(精讀)의 힘

'국어'는 다른 과목들과 본질적으로 성격이 다르다. 따라서 공부법 역시 일반적인 다른 암기 과목과는 다를 수밖에 없다. 바로 이 점이 공부를 시작하기 전에 꼭 짚고 넘어가야 할 점이다. 국어 과목의 핵심은 바로 '글을 읽고 그 내용 자체를 비교적 빠른 시간 안에 제대로 파악해내는가?'이다. 다시 말해 단순히 국어 문제집을 한 권 더 풀고 오답을 정리한다고 하여 그만큼 실력이 향상되는 것이 아니라는 의미다. 그렇다면 어떻게 해야 국어 실력이 늘까? 글을 읽고 전체 내용과 세부적 내용을 잘 이해하고 판단하는 능력을 어떻게 기를 수 있을까? 여러 가지 방법이 있겠지만 가장 핵심적이고 중요한 것은 아래의 두 가지다.

첫째, 앞서도 강조했던 한자 학습이다.

한자 공부를 많이 하게 되면 모든 과목의 바탕이 되는 국어 실력을 키울 수 있다. 한자 학습으로 국어 실력의 본질이라 할 수 있는 어휘력을 놀랍도록 향상시킬 수 있으며 자연스럽게 이해력도 높아진다. 우리가 쓰는 말의 70% 이상이 한자어로 이루어져 있다고 한다. 말이 이러한데 글은 말할 나위가 없다. 글 속에는 우리가 일상 대화에서 쓰는 것보다 더 고급스러운 어휘와 숙어, 사자성어 들이 포함되어 있다. 국어 시험의 서술형 문제나 고전문학 공부를 생각해본다면 한자의 중요성은 더 커진다. 한자 학습법에 대해서는 이후에 따로 정리해두었으니 참고하기 바란다.

둘째, 평소에 글을 정독(精讀)하는 습관을 길러야 한다.

우리는 어릴 때부터 '책을 많이 읽어야 국어 실력이 향상된다'는 말을 듣고 자랐다. 요즘 초등학교에는 '다독상'이라는 것이 있다. 상을 타기 위해서 대충 줄거리 위주로 책을 읽으면 된다. '어떻게 읽었느냐'가 아니라 '몇 권을 읽었느냐'가 중요하기 때문이다. 이런 독서법은 책의 중심 생각을 제대로 읽어내지 못한다. 또 어릴 적부터 이런 습관이 배어버리면 고학년이 되었을 때 책의 행간을 읽지 못하고, 사건의 추론과 상황에 대한 평가력이 떨어지게 된다.

공부를 할 때는 정독(精讀)을 하며 깊게 생각하는 습관을 갖는 것이 가장 중요하다. 물론 책을 많이 읽는 것이 좋긴 하지만, 그것보다 훨씬 더 중요한 핵심은 바로 '책을 어떻게 읽어야 하는가?'이다. 우리에게 주어진 시간은 한정되어 있다. 따라서 모든 책을 다 읽을 수 없으며 그럴 필요도 없다. 즉 10권의 책을 대충 읽는 것보다 3권의 책을 제대로 읽는 것이 훨씬 효과적이다. 국어 시험은 거의 지문을 주고 문제를 해결하는 방식이 아닌가? 그러므로 정독하는 태도는 모르는 지문을 잘 독해할 수 있는 실력을 키워주는 셈이다. 국어의 독해 능력이 떨어지면 자연적으로 영어의 독해 능력도 떨어진다. 영어를 잘해 해석을 잘했다 하더라도, 그 글 속에서 답을 찾는 것은 결국 국어 실력이다. 정독하며 깊게 생각하는 습관을 가져야 한다. 이는 다시 말해 입체적으로 책을 읽어야 한다는 말이다. 입체적 책 읽기는 그리 어렵거나 특별한 것이 아니다. 문학과 비문학이 다르고, 문학 중에서도 소설과 시가 다르다는 것을 아는 것이 그 출발점이다.

◆ 소설 대 시(詩) 전략, 비문학 전략

흔히들 문학은 감수성이나 상징성이 중요하다고 생각하나, 실상은 논리성과 분석 능력이 뒷받침되어야 한다. 소설의 경우, 제일 먼저 해야 할 일이 그 당시의 시대 배경을 이해하는 것이다. 그것과 연계되어 나타나는 각 인물들의 성격을 파악하고, 그 인물들의 성격이 어떤 행위들로 나타나 사건이 진행되는지 알아본다. 만약 선행 사건이 반대의 상황으로 전개되었다면 결말이 어떻게 달라지게 되었을지 생각해보는 것도 좋다. 더 나아가 작가의 의도가 어떻게 작품 속에 개입되고 주제 의식이 어떻게 구현되었는지의 단계로 마무리를 하면 이것이 바로 생각하며 책 읽기, 입체적 독서가 되는 것이다.

시와 시조 역시 소설과 비슷하다. 다만 시나 시조의 경우는 은유적 표현들이 주를 이루기 때문에 전체 작품에 대한 감상과 평가, 그리고 세부적으로는 작품 속에 녹아들어 있는 은유적 표현들이 어떠한 의미를 갖는지에 조금 더 포인트를 두어야 한다.

　비문학(非文學)은 순수한 국어 실력을 평가할 수 있는 지문으로, 확실한 국어 실력만 갖추게 되면 쉽게 공략할 수 있다. 문학 작품, 특히 시의 경우 접해본 작품이 아니라면 작가의 의도나 은유적 표현을 파악하기 어려울 수 있다. 하지만 비문학은 사실을 전달하는 객관적인 글이기에 기본적인 논리성만 갖추면 쉽게 해결할 수 있다. 이러한 비문학 글을 읽을 때의 입체적 독서란 '강약 조절 읽기'이다. 즉 처음엔 글쓴이가 알리고자 하는 핵심 내용 또는 주장을 먼저 파악하고, 다음 단계로 강약을 조절하며 읽으며 세부적 내용을 파악하는 것이다. 비문학의 종류와 소재는 매우 다양하지만, 한 가지 중요한 공통점이 있다. 그것은 바로 글 전체의 체계성과 논리성이다. 따라서 평소에 비문학 글을 읽을 때에도 글 전체에 흐르고 있는 체계와 논리를 일목요연하게 파악하며 읽는 것이 무엇보다 중요하다.

　결론적으로 글을 읽을 때는 단순히 읽는 것이 아니라 끊임없는 사고를 통해 작품의 포인트를 잡아내야 한다. 이는 논술의 기본이기도 하다. 단순히 글재주가 좋다고 논술을 잘하는 것이 아니다. 이러한 책 읽기 습관을 통해 비판적 사고와 논리성을 향상시켜야 논술 작성 시 체계적으로 논점과 목차를 잡을 수 있다.

　나는 고교 시절, 공부하다 머리를 식히고 싶으면 전국 대회 부상

(副賞)으로 받은 20권짜리 우리 문학 전집을 읽었다. 전집에는 고교생이 읽어야 할 고전시조, 현대시, 근대 한국 단편 소설들이 고루 수록되어 있었고, 지문 뒤에는 간략하게 '생각해보기'라는 해설편이 실려 있어 입체적 독서에 큰 도움을 받았다. 특별히 공부 시간을 할애하지 않더라도 휴식 시간, 자투리 시간 또는 암기 과목으로 머리를 쉬어주어야 할 때 하루에 시 1~2편, 단편소설 1~2편 이렇게 꾸준하게 읽어나갔다. 이렇게 하면 특별히 부담이 되지도 않으면서 좋은 결과를 얻을 수 있다.

독학이 가능한 영어 공부 전략

내가 사교육 없이 공부를 해온 것은 인터넷이나 매스컴을 통해 이미 알려진 사실일 것이다. 그런데 간혹 영어는 독학이 안 될 것이라 생각하는 사람들이 있다. 특히 원어민의 발음을 듣고 풀어야 하는 듣기 평가인 경우는 더 그렇다. 나는 고교 시절 EBS 라디오 영어 듣기 프로그램을 하루도 빠지지 않고 청취하며 공부했다. 영어 듣기 프로그램으로 영어의 리스닝 실력을 향상시켰고, 또 듣는 것에 그치는 것이 아니라 자꾸 입으로 따라해 보며 유창해지도록 반복하였다. 이

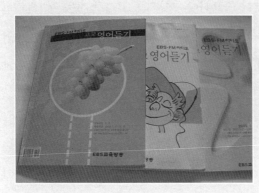

2000년 당시
EBS 영어 듣기 교재

방법만으로 학창 시절 학교에서 열리는 영어 말하기 대회에서 1등을 하여, 교육청에서 주관하는 영어 말하기 대회와 영어 듣기 대회에 학교 대표로 나갈 수 있었다. 영어 공부는 4개의 바퀴로 굴러간다 할 수 있다. 말하기, 듣기, 문법, 독해가 그것인데, 지금부터 하나하나 찬찬히 살펴보기로 하자.

◈ 말하기와 듣기

말하기와 듣기는 항상 연계하여 학습해야 한다. 이는 상호 불가분의 관계에 있기 때문이다. 들리는 만큼 말할 수 있고, 입에 붙어 자연스럽게 말할 수 있는 만큼 들린다. 좀 더 구체적인 방법을 설명하자면 듣기 공부를 할 때 단순히 문제만 풀고 끝나는 것이 아니라, 스크립트를 반복해서 청취하고, 그것을 다시 소리 내어 입으로 몇 번이고 따라하는 것이 중요하다. 이때 큰 소리로 하는 것, 그리고 원어민의 발음과 속도에 최대한 가깝도록 노력하는 것이 무엇보다 중요하다.

말하기를 조금 더 잘하고 싶다면 자주 나오는 대표적 문장들을 입에 붙이는 노력을 하면 된다. 영어 교과서에 나오는 상황에 따른 대화문들만 확실히 내 것으로 만들어도 말하기 실력을 상당히 높일 수 있다. 듣기의 경우, 많이 듣고 문제를 푸는 것 못지않게 단어와 관용 표현 들의 학습이 중요하다. 자신이 완전히 습득하지 못한 단어는 듣기 시험에서 절대 들리지 않는다. 특히 동사는 최대한 많이 익힐수록 유용하다.

머리를 식힐 때 팝 음악을 듣는 것도 괜찮은 방법이다. 팝송을 들으며 따라 부르는 것은 노래를 굳이 해석하지 않더라도 자연스럽게 영어에 귀가 트이게 해주기 때문이다. 최근 미국 드라마를 보면서 영어 공부를 하는 것이 무슨 유행처럼 번지고 있으나 이는 마치 '배보다 배꼽이 큰 격'으로 지양해야 할 공부법이다. 물론 효과를 보는 사람들도 있을 수 있겠지만, 적어도 이것이 확실한 학습 효과를 얻으려면 상당한 수준의 듣기 실력을 갖추고 있어야 한다. 또 다른 이유는 '시간 대비 효과'의 관점이다. 주어진 시간은 적고 해야 할 공부는 엄청난 중·고교 시절, 영어 공부를 한다고 미국 드라마를 본다는 것은 지극히 비효율적인 일이 아닐 수 없다.

◆ **문법과 독해**

2002년 당시
EBS 국어 듣기 교재

문법 공부의 기본은 전체 문법의 기본적인 틀을 잡는 것이다. 교과서 각 단원마다 나오는 중요 문법들을 확실하게 익히고, 문법에 따른 암기 사항들은 그때그때 미루지 말고 학습해야 한다. 그래야 이후에 나오는 문법 문제들을 원리를 적용해 쉽게 풀 수가 있다. 또한 모르는 숙어와 관용 어구들이 나올 때마다 바로 암기를 하고, 따로 노트를 만들어 정리하는 것이 효과적이다. 문제를 풀다 보면 자주 등장하는 표현을 꼭 암기해둬야 반복 학습의 효과를 얻을 수 있다.

독해의 기본은 많은 지문을 읽고 많은 문제를 푸는 것이나, 이보다 더 중요한 것이 있다. 문제를 맞혔든 틀렸든 지문을 완벽하게 독해해 내 것으로 만들어야 한다는 것이다. 단순히 문제만 푸는 데 그친다면 확실한 실력 향상을 기대하기 어렵다. 본질적인 독해 실력이 좋아져야만 나중에 조금 더 길고 어려운 지문이 나왔을 때 당황하지 않고 정확하게 문제를 풀 수 있다.

◈ 각운 단어 암기법

독해 능력은 어휘력과 직결되어 있다. 나는 영어 단어와 숙어들을
암기하는 데에도 나만의 방식을 만들었다. 즉 영어 단어와 우리말의
각운을 맞추어 뜻을 입히면 그 기억이 오래간다. 예를 들면 다음과
같다.

Keyword / 중심 문장 : 키워드를 **키워**

Immigrant / 이민 : 이미 그렇듯 다들 **이민**을 장려한다

Provoke / 화를 내다, 화가 난다 : **프로** 야구 선수가 **보크**를 하면 **화가
난다**

Incessant / 그칠 새 없이 : **인세**를 자꾸 보내려면(sent) 이왕이면 **그
칠 새 없이** 보내는 것이 좋다

Tyranny / 전제 정치, 폭정 : 전제 정치나 폭정은 **다 이러니**

Sweep / 깨끗이 하다 : 수입(修入)의 뜻은 닦아서 **청소를** 열심히 **한다**는
뜻이다

Protest / 항의하다 : 프로에 입단하기 전에 메디컬 **테스트**를 하는 것
은 다른 팀이 **항의할 만하다**

demonstrate / 펼쳐 보이다, 시연하다 : 괴물(demon)처럼 파죽지세
(破竹之勢)로(straight) 자신의 실력을 **펼쳐 보이고 시연하자**

192

개념 있는 수학 공부 전략

이제 이 장을 빌려 본격적으로 수학 공부를 어떻게 하였는지 얘기해 보려고 한다. 수학은 모든 학문의 기초로서 그 중요성은 여러 번 강조해도 지나치지 않다. 수학은 공부의 기본인 사고력과 논리력, 이해력을 길러준다. 그래서 수학 공부를 어떻게 하느냐는 매우 중요하며, 수학을 잘하게 되면 다른 과목 역시 쉽게 공부할 수 있다.

◈ Level Up 선행 학습

초등학교 저학년 때부터 집에서 본격적으로 수학 공부를 시작한 나는 2~3년 정도의 선행 학습을 하였다. 1~2년 앞선 단계를 미리 맛보는 정도가 아니라 완벽한 선행 학습을 한 것이다. 기본 수학 교과서부터 시작하여 한 단계씩 차근차근 수준을 높여 최종적으로 올림피아드 대비 문제집을 모두 마스터했다. 초등학교 3학년 때 6학년 수학을 선행 학습한다면 이미 4학년에서 6학년까지의 교과서와 기본 문제집은 물론, 각 학년의 전국 수학경시대회 대비 문제집과 중간 난이도, 최고 난이도 문제집까지 모두 내 것으로 만들었다는 의미다. 중요한 것은 한 권 한 권, 그리고 한 문제 한 문제 모두 완벽하게 자신의

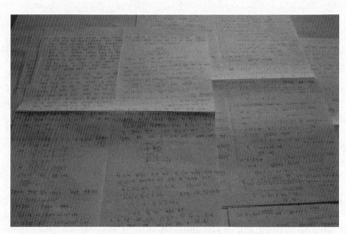
고등학교 때 수학증명문제를 풀었던 연습지

것으로 만드는 것이다. 아무리 어려운 문제라도 깊게 생각하고 연구하여 자기 스스로 풀어내야 진짜 실력이다. 설령 자신의 힘으로 풀리지 않는다 하더라도 처음부터 풀이 전체를 보면 안 된다. 야금야금 풀이를 보면서 풀이 첫 부분을 실마리 삼아 문제를 푸는 훈련을 해야한다. 그래야 사고력과 논리력, 나아가 문제 해결력이 키워진다.

개념을 확실히 이해하고, 기본 문제로 기초를 탄탄히 다진 다음, 한 단계씩 수준을 높여나가야 한다. 많은 문제를 푸는 것보다 한 문제라도 확실하게 자신의 것으로 만드는 것이 수학 공부를 하는 바람직한 자세다.

◈ AN 학습법

나의 수학 공부 방법 중 특별한 학습법이 바로 AN 학습법이라 할
수 있다. 이것은 수학 문제를 풀면서 잘 풀리지 않는 문제에, 나중
에 다시 풀어봐야 하는 문제라는 의미에서 **Again**의 이니셜인 **A**라
고 적어두는 것이다. 그 문제집을 다 풀고, 한 단계 높은 문제집 한
권을 더 푼 후, 전 문제집에서 A라고 적혀 있는 문제를 다시 푸는
것이다. 여기서 또 한 가지 중요한 팁은 절대 문제집에 직접 풀지 않
는다는 것이다. 칸이 약간 작은 중ㆍ고등학생용 노트를 세로로 반을
접어 페이지를 적은 후 거기에 풀었다. A라고 적힌 문제들을 다시
풀면 예상 밖으로 또다시 스스로 풀지 못하는 문제가 나오게 된다.
그 문제들은 결코 풀지 못하였다는 의미로 **Never**의 이니셜인 **N**으
로 표시해둔다. 그리고는 다시 위와 같이 한다. 이렇게 해야 문제집
안의 모든 문제들을 완벽하게 소화해낼 수 있으며, 이러한 어려운
과정을 통해 더욱더 강한 힘이 생긴다. 즉 사고력, 논리력, 이해력,
문제 해결 능력이 모두 갖춰지는 것이다.

◈ 단계별 사고 학습법

이것은 물론 다른 과목을 공부할 때도 필요하지만, 특히 수학 문제
를 풀 때 필요한 자세라 할 수 있다. 대부분 학생들이 수학 문제를

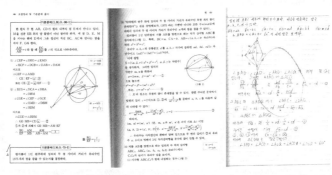

수학공부하던 당시 문제집(AN 학습)

문제집에 직접 풀지 않고
노트에 풀이를 적은 것

풀 때 범하는 잘못 중 하나가 바로 단계별 사고를 무시한다는 것이다. 고등학교 시절, 아침 자율학습 시간에 친구들을 대상으로 매일 5문제씩을 푸는 수학 강의를 했을 때도, 대학교 때 중3 과외 수업을 했을 때도 많이 느꼈던 것이기 때문에 더욱더 강조하게 된다.

수학은 어떤 다른 과목보다 사고와 논리를 요하는 학문이다. 공식을 대입하여 바로 나오는 문제는 교과서 처음 부분에 몇 문제 실려 있을 뿐 사실상 실제 시험에 그런 문제는 거의 나오지 않는다. 수학 문제는 일단 문제를 잘 읽고 핵심을 잡는 것이 가장 중요하다. 다시 말해 문제에 주어진 조건들, 그리고 문제에서 물어보는 것을 정확히 이해하고 파악하여 단계별 사고를 시작해야 한다. 첫 단계로 주어진 조건을 활용해 다음 과정을 어떻게 전개하여야 하는지, 그리고 그 단계까지 도달하면 답을 도출하기 위해 또 어떤 단계가 필요한지를 파악해야 한다. 그런데 대부분의 학생들은 이러한 단계와 과정을 생각하려 하지 않고, 또 논리적 흐름을 잡으려 노력하지도 않은 채 한 번에 답을 얻으려 한다. 문제가 잘 풀리지 않고 더 나아가 수학에 대한 거부감까지 갖게 되는 것은 당연한 일이다.

먼저 문제에 주어진 조건과 문제의 요지를 정확하게 파악하자. 주어진 조건들은 모두 활용되어야 하고 문제를 풀기에 충분한 조건들이 주어진 것이니 문제를 의심하지 말자. 그리고 그 조건들을 활용해 단계별로 사고하여 차근차근 전개해나가자. 수학 공부에 있어 단계별 사고, 즉 논리정연한 흐름은 무엇보다 중요한 것이다.

생활 속의 한자 공부 전략

한자는 국어와 마찬가지로 모든 다른 과목의 학습 능력을 향상시켜주는 매우 중요한 공부다. 단순히 한자 또는 한문을 한 과목으로만 생각하고 공부에 임하게 되면 흥미도 떨어지고, 비능률적인 학습이 될 수밖에 없다. 또 한자로부터 얻을 수 있는 여러 가지 파생 효과를 기대할 수도 없다. 따라서 한자 공부에 대한 긍정적 자세와 마음가짐이 무엇보다 중요하다. 긍정적이고 즐거운 자세로 한자 공부를 시작했다면, 그다음엔 제대로 된 한자 학습법으로 공부하여야 한다. 한자 학습법만을 제대로 다루려면 다시 한 권의 분량이 필요할 정도이나 여기서는 가장 중요한 2가지만 소개하려 한다. 한자 학습에 대해 자세히 알고 싶은 분들은 향후 출간 예정인 필자의 저서를 권해드리는 바다.

◈ 연상 암기법

전국 한자경시대회는 총 100문제 중 특별한 문제가 5문제 포함되어 있는데 그게 바로 장단음 문제였다. 한자로 단어를 주고 이 단어의 앞 글자가 장음인지 단음인지 가려내는 문제였는데 사실 대부분 학생들이 포기하는 부분이었다. 이 문제를 맞추려면 1000자 이상의 글자를 하나하나 장음인지 단음인지 외워야 할 뿐 아니라 암기 자체가 말 그대로 '쌩암기'이기 때문이다. 더구나 장음이면서도 몇몇 단어들에서는 예외적으로 단음을 나타나는 경우도 있기 때문에 대부분 그 5문제를 '찍는다'. 그러면 둘 중 하나의 확률이니 5개 중 2~3개를 맞추는 것이다. 하지만 나는 달랐다. 절대 이 부분을 포기하지 않았다. 불가능하다고 포기하는 사람에겐 정말 불가능한 것이 되지만, 하겠다고 생각하는 사람에겐 길이 보이는 법이다. 난 어떻게 하면 이것을 완벽하게 외워 5문제를 전부 다 맞힐 수 있을까 고민고민하다가, 결국 연상 암기법을 터득했다. 글자를 보고 바로 연상되는 문구를 하나하나 만들기 시작했던 것이다. 그 결과 5문제 모두 맞힐 수 있었다. 몇 개를 예시하자면 아래와 같다.

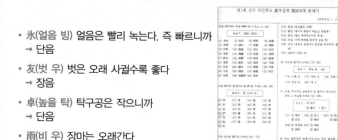

- 氷(얼음 빙) 얼음은 빨리 녹는다. 즉 빠르니까
  → 단음
- 友(벗 우) 벗은 오래 사귈수록 좋다
  → 장음
- 卓(높을 탁) 탁구공은 작으니까
  → 단음
- 雨(비 우) 장마는 오래간다
  → 장음

◈ 한자로 일기 쓰기

연상 암기와 함께 또 한 가지 밝힐 방법은 배운 한자와 단어, 고사성어 들을 일상생활에서 널리 활용하고 익히는 것이다. 여기서 가장 효과적인 방법이 바로 '한자로 일기 쓰기' 이다. 이것은 누가 시켜서 시작한 일이 아니었다. 초등학교 1학년, 첫 일기를 쓰기 시작하면서 내 스스로 이제까지 배운 한자 단어를 실생활에서 활용하고 싶어서 시작한 일이다. 그렇게 시작한 한자로 일기 쓰기는 실로 놀라운 한자 실력 향상을 가져왔다.

한자로 일기 쓰는 아이

초등학교 1~6학년까지의 일기장

200

초등학교 첫 그림일기

초등학교 6학년 〈전원일기〉
야외 촬영에 대한 일기

　　그때까지 배운 글자와 단어들을 자연스럽게 복습하고, 글에서 실제 활용함으로써 완전히 내 것으로 만들 수 있었다. 바로 살아 숨 쉬는 공부였기 때문이다. 이렇게 일기에 활용한 단어들은 절대 잊어버리지 않았다. 일기로 쓰지 않더라도 자주 접하는 단어들은 꼭 사전을 찾아보게 되었다. 그렇게 찾아본 단어를 한자 일기를 쓰는 데 활용하는 재미도 꽤 컸다. 날이 갈수록, 해가 갈수록 마치 은행의 복리 이자가 쌓이듯 내 일기 속에는 한자 단어의 빈도가 급격하게 늘게 되었고 내 스스로도 한자 공부의 즐거움과 흥미를 배로 느끼게 되었다. 그러던 중 초등학교 4학년 때 '한자로 일기 쓰는 아이' 라는 제목으로 신문에 크게 소개되기도 하였다. 고학년이 되어 일기에 쓰인 단어의 대부분이 한자로 채워지게 되자 담임 선생님께서는 '사전을 찾아가며 일기를 봐야 할 정도'라며 고충 아닌 고충을 털어놓으셨다. 말씀은 그렇게 하셨지만 나를 굉장히 대견해하셨던 기억이 난다.

잘못 알고 있는 공부 상식

많은 사람들이 공부는 이러이러해야 한다고 말하는 공부의 원칙들이 있다. 학교 수업을 집중해서 듣는 학생이 공부를 잘하고, 노트 필기를 잘하는 학생의 성적이 좋고, 선행 학습은 많이 할수록 실력이 향상된다는 것이 그것이다. 그러나 세상에 모든 사람들, 모든 상황에 완벽하게 맞는 원칙이란 존재하지 않는다. 이 장에서는 우리가 상식으로 알고 있는 공부 전략들이 과연 타당한 것인지 점검해보기로 하겠다.

◈ 선행 학습은 진리인가?

요즘 선행 학습이 마치 대세인 것처럼 선풍을 일으키고 있어 많은 학생들이 그 대열에 동참하고 있다. 하지만 결론적으로 선행 학습은 수학, 한 과목만으로 충분하며 나머지 과목들에 대한 선행 학습은 굳이 할 필요가 없다.

여기서 국어나 영어에 대해서 의문을 갖는 분들이 계실 텐데 국어나 영어는 선행 학습의 개념이 존재하기 어렵다. 국어 공부는 특히 학습의 개념으로 이해할 필요가 없다. 위에서 언급했듯이 한자 공부와 입체적 독서를 통하여 시험과 무관하게 꾸준히 실력을 쌓는 과정을 거친다면 좋은 결과를 얻을 수 있다. 영어도 국어와 같이 교과서 이외의 영어 지문들을 많이 접하고 평소 듣기 공부를 꾸준히 하는 것이 최선의 방법이다.

수학에 있어 선행 학습이 효과적인 이유는 심도 있는 학습을 통해 깊은 사고력과 탄탄한 논리력을 갖출 수 있기 때문이다. 교과서나 일반 문제집에서 보지 못했던 새로운 유형, 고급 응용문제를 접했을 경우 단순히 공식이나 유형만 익혀서 공부한 학생은 한계에 부딪치게 된다. 그러나 평소에 깊이 있는 공부를 한 학생은 원리를 파악하고 문제의 핵심을 잡아내어 차근차근 논리적으로 사고를 전개해나갈 수 있는 것이다.

여기서 꼭 짚고 넘어가야 할 중요한 부분이 바로 선행 학습의 개념이다. 선행 학습의 원래 의미는 '먼저 앞서서 하는 학습'이다. 그런데 이는 단순히 진도를 앞서 나가는 것이 아니라, 남들보다 더 깊이 있는 공부로 앞서 나가야 한다는 것이다. 정해진 과정을 깊이 있게 공부하기 위해서는 당연히 기본 과정을 먼저 학습해야 되므로, 남들보다 조금 빨리 시작해야 그 과정의 심도 있는 학습이 가능하게 되는 것이다. 선행 학습에 있어 또 한 가지 주의해야 할 점이 있는데 기본 단계 즉 기본 원리를 제대로 이해하고 학습하여야 한다는 것이다. 성급하게 처음부터 문제 위주의 학습을 하거나 무작정 난이도가 높은 문제를 접하게 된다면 오히려 역효과가 나게 된다. 이렇게 되면 수학 자체에 흥미를 잃게 되고, 수학 실력 향상은 기대할 수 없다.

◈ 노트 필기법은 중요한가?

우선 이 질문에 대한 나의 대답은 '아니다'이다. 요즘 세간에 소개되는 책이나 인터뷰 등을 보면 '특별한 노트 필기법'을 주제로 한 것이 꽤 된다. 이러한 제목을 학생들이 보게 되면 당연히 관심이 가고, 소개된 필기법대로만 하면 성적을 올릴 수 있을 거라 생각하게 된다. 하지만 그것은 본질을 간과한 채 포장만 화려하게 하려는 것으로 학생들이 근본적인 노력을 기울이는 데 방해가 될 수 있다. 가장 중요한 것은 '노트 필기를 어떻게 하는가'가 아니라 '얼마나 수업을 이해했는가'이다. 수업 내용 즉 선생님의 말씀을 통해 중요한 부분이 어떠한 부분인지, 그러한 내용에 대해 해주시는 설명을 잘 듣고 이해하는 이러한 과정이 가장 본질인 것이다. 따라서 수업 시간에 노트 필기에 신경을 쓰느라 선생님의 수업을 제대로 집중해서 듣지 못하는 것은 정말 어리석은 일이다. 판서는 나중에 쉬는 시간에 해도 되지만, 한번 놓친 부분은 (여기에는 이해를 위한 설명 및 보충 설명, 그리고 중요도와 포인트 체크 등이 들어가 있다) 나중이란 것이 없다.

노트 필기 유형은 크게 칠판에 자유로운 형식으로 하게 되는 서브 노트 형식과 수업 전체 내용을 간략하게 요약한 PPT 자료 등 두 가지로 나눌 수 있다. 서브노트 형식은 굳이 그대로 필기할 필요가 없다. 이해가 안 되는 부분만 자기가 알아볼 정도로 간단히 하면 된다. 두 번째 유형인 요약 자료 필기는 분량이 많다. 위에서 설명한 대로 수업 내용을 집중하여 듣는 것을 우선으로 하고, 주어진 시간 동안만 필기한다. 만약 다 못 했을 경우, 쉬는 시간을 활용하도록 한다.

◈ 수업 시간이 가장 중요한가?

학교 수업을 집중하여 듣는 것은 필요조건이지만 충분조건은 아니다. 바로 '얼마만큼 수업 시간에 배운 내용에 대해 스스로 공부를 집중하여 했는가?' 가 더 중요하다. 우리가 수업을 듣는 것은 그 과목에서 새로운 것을 배우고, 이해하는 과정이다. 여기서 수업 듣기의 주요 목표는 '이해' 이다. 그리고 제대로 이해한 것을 바탕으로 그 부분을 완전히 자신의 것으로 만들기 위한 과정이 진짜 공부 시간이라 할 수 있다. 즉 이해만 하고, 암기가 되어 있지 않은 부분은 내 것이 절대 아니다. 특히 수학의 경우, 강의를 듣고 풀이 과정 설명을 들을 당시에는 '아하! 그렇구나~' 하고 다 이해하지만, 정작 스스로 풀면 못 푸는 경우가 허다하다. 이것은 자신만의 진짜 공부 시간을 충실히 하지 못하였기 때문이다. 따라서 학교 수업 시간뿐 아니라 나만의 진짜 공부 시간이 중요하다. 수업 내용을 내 것으로 만드는 과정이 진짜 공부라 할 수 있다.

수업 시간과 진짜 공부 시간 모두를 각각의 과정 취지에 맞게 집중하여 제대로 하였을 때 좋은 결과를 얻을 수 있는 것이다.

◆ 스터디 학습은 효과적인가?

나는 중·고등학교 공부를 하면서 스터디 그룹에 참여해본 적이 없다. 스터디 그룹은 크게 토론형, 수업형, 참여 공부형으로 나누어볼 수 있다. 우선 토론형은 함께 모여 어떠한 주제를 놓고 서로 의견을 개진하는 형식인데, 중·고교 학습은 어떠한 새로운 내용을 연구하고 발표하고 진리 탐구하는 것과는 거리가 멀기 때문에 큰 효과를 기대하기 어렵다. 특히 내신 성적을 위한 토론 스터디는 효율성이 떨어진다. 단, 특목고 입시를 위한 구술 면접이나 대입 논술을 위한 토론이 필요한 경우는 있지만, 스터디를 통한 토론은 너무 많은 시간을 요한다. 그보다는 신문의 사설을 읽어보는 것이 더 좋다. 그러면 현재 이슈가 되고 있는 사안을 다양한 각도에서 볼 수 있고 전체를 볼 수 있는 힘과 논리력을 갖출 수 있게 된다.

수업형은 각자 부분을 나눠 돌아가며 다른 친구들에게 강의하는 형식이다. 그런데 이 역시 대학 공부에서는 간혹 필요할 수 있으나 적어도 중·고교 때는 별로 효율적이지 못하다. 특별히 내용 자체가 어려운 것도 아니고, 학교 수업을 듣는 것으로도 충분히 이해할 수 있기 때문이다. 이 시간에 위에서 말한 '진짜 공부 시간'을 조금이라도 더 갖는 것이 훨씬 효과적이다.

마지막으로 참여 공부형은 모여서 함께 공부하는 것이다. 그런데 솔직히 중·고교생 친구들끼리 모이면 공부를 열심히 하는 경우보다 시간을 낭비할 가능성이 훨씬 크다. 일단 모이는 데도 시간이 걸리고, 잡담하고 간식 먹고 휴식하는 등 공부 외적인 시간이 많아지게 된다. 결론적으로 스터디보다는 혼자 공부하는 편이 더 좋다. 공부는 스스로 할 때 가장 빛이 나는 법이다. 그게 공부다.

문제집 선택 및 활용 전략

학생들이 공부할 때 최종 목표는 시험에서 좋은 점수를 얻는 것이다.

따라서 아무리 공부를 충실하게 하여 탄탄한 실력을 갖춘다 하더라도 시험에서 능력을 마음껏 발휘하지 못한다면 아무 소용 없는 일이다. 그래서 좋은 문제집을 선정해 다양한 문제들을 풀어봐야 한다.

자기 나름대로 최대한 꼼꼼하게 공부하더라도 제대로 이해하지 못하는 부분들이 있기 마련이고, 이러한 것들을 확실하게 잡아내어 부족한 부분을 보강하는 과정이 필요하다. 그리고 공부가 완벽했다 하더라도 꼭 문제를 잘 푸는 것이 아니다. 문제는 단순하게 출제되는 것이 아니라 학생들이 착각할 만한 함정 등을 교묘하게 만들어놓기 때문이다. 공부하면서 분명히 알고 넘어간 부분도 시험에서는 제대로 풀지 못하는 경우가 종종 있다. 또한 문제를 많이 풀어보아야 중요도와 출제되는 쟁점 등을 정확하게 파악할 수 있고, 문제를 푸는 스킬을 향상시킬 수 있다. 문제를 많이 풀어보면 일종의 피드백 작용으로 자신의 부족한 부분이 파악되고 앞으로의 학습 방향 설정에 도움을 받을 수 있다. 이제부터 올바른 문제집 선정과 활용 방법을 소개하고자 한다.

◈ **문제집 선정 방법**

문제집을 고르는 중요한 기준 하나는 바로 난이도다. 처음부터 무작정 수준 높은 문제집을 고집하게 되면 기대한 만큼의 실력 향상을 이루기 어렵다. 자신의 수준에 맞지 않는 어려운 문제를 풀게 되면 정작 핵심이 되는 일반적 수준의 문제들도 제대로 풀기 어려운 상황을 맞게 되는 것이다. 특히 수학 문제집을 고를 때 가장 주의해야 할 부분이다. 수학은 기초부터 단계적으로 다지면서 응용력과 사고력을 계속 쌓아나가야 하는 과목이다. 따라서 교과서부터 시작하여 점차적으로 수준이 높은 문제집을 선정해야 한다. 학생들이 문제집을 고르는 데 중요한 기준으로 삼는 것이 아마도 '출판사'일 것이다. 그리고 시험에서 점수가 기대에 못 미쳤을 경우, 많은 학생들이 이러한 생각을 한다. 'A출판사의 문제집이 더 좋은 것 같다. 공부 잘하는 친구 보니까 A출판사 것을 보더라. 다음번에는 B출판사 말고 A출판사 것으로 공부해야지.' 이렇게 생각하며 자신의 시험 점수를 문제집 탓으로 돌려버리는 경우가 많은데, 이는 정말 잘못이다. 두 가지 측면에서 모두 다 말이다. 하나는 자신의 책임을 인정하지 못한 잘못, 또 하나는 문제집 선정 때문에 성적이 떨어졌다는 판단의 잘못이다.

그럼 어떠한 출판사의 문제집으로 선정해야 할까? 답은 의외로 간단하다. 바로 대중적이고, 인지도 높은 출판사 위주로 고르라는 것이다. 다른 친구들이 풀지 않는 생소한 출판사의 문제집을 선호하는 학생들이 있는데, 이는 아주 잘못된 것이다. 대부분의 학생들이 공부하는 문제집을 선택하는 것이 시험에서 고득점을 얻을 수 있는 방법이다. 문제집에 있어서는 가장 대중적인 것이 가장 현명한 것이다. 덧붙여 대중적인 문제집을 2~3개 정도 함께 푸는 것도 좋은 방법이다. 출판사마다 어느 정도 고유의 문제 스타일, 즉 유형을 가지고 있다. 또한 한 과목 내에서도 각 부분마다 비교적 신경을 쓰고 공을 들인 정도에 있어 약간씩 차이가 있게 마련이다. 따라서 다른 출판사의 문제집을 2~3개 정도 풀게 되면 각 출판사마다 조금씩 다른 유형들에 대해 모두 섭렵할 수 있게 되고 전체적으로 어느 한 부분 빠짐없이 탁월한 실력 향상을 도모할 수 있게 된다.

◆ 해답지 '이미지 메이킹' 법

우리는 문제집을 풀고 난 다음, 채점을 하면서 틀린 문제의 풀이를 확인한다. 그러면서 자신이 어느 부분에서 잘못 생각했는지, 어떠한 것을 잘못 알고 있었는지 확인하고 머릿속으로 확실하게 암기하기 위해 노력한다. 물론 이 정도도 안 하고 대충 넘어가는 사람들도 있겠지만, 이런 과정이 보통 사람들이 틀린 문제를 통해 학습하는 방법이다. 내가 여기서 소개하려는 것은 바로 이 단계를 발전시켜 훨씬 뛰어넘자는 것이다. 바로 해설을 예상하고 '이미지 메이킹' 하라는 것이다. 대체 무슨 말인가 하는 분들도 있을 것이다. 지금부터 차근차근 설명해보겠다.

모든 문제집의 문제는 형식과 내용은 비록 다르지만 한 가지 공통점이 있다. 수험생들이 틀리기 쉬운 함정과 착각을 일으키기 쉬운 요소들을 보기 좋게 배치해놓는 것이다. 점수를 주려는 기본 문제를 제외하면 변별력을 위해 그러한 문제들을 출제할 수밖에 없다. 단순히 문제를 많이 푸는 것보다 어떤 식으로 오답 지문들이 정답인 양 가장하고 있느냐를 분석하는 것이 더 중요하다. 따라서 단순히 자신이 틀린 부분에 대해서 확실히 알고 넘어가는 것을 뛰어넘어 어떤 방식으로 보기들을 만들었는지 살펴보자. 그리고 오답 지문을 지적하고 바로잡는 패턴 자체를 머릿속에 새기자.

이것이 숙달되면 시험장에서 정말 강력한 효과를 발휘한다. 설령 자신이 제대로 암기하지 못한 부분이나 책에 나와 있지 않은 부분이 출제되었다 하더라도 문제와 보기, 지문 들을 차분히 읽고 각각 그 지문에 대해 나올 해설을 스스로 예상하여 이미지 메이킹하면 된다. '이미지 메이킹'이란 실제 해설지에서 표현하는 형식과 활자 이미지를 떠올리는 것이다.

이러한 능력을 갖추게 되면 생소한 문제나 지문 하나를 두고 정오(正誤)를 결정해야 하는 경우, 어떤 부분이 함정인지 간파할 수 있다. 또한 우리가 흔히 '실수로 착각해서 틀렸다'고 하는 그러한 문제들(사실 실수가 아닌 실력이다)을 출제자의 의도를 정확하게 파악해 풀어낼 수 있다. 지금 이 글을 읽으며 '쉽지 않네, 이걸 어떻게 해?' 라고 생각하시는 독자들도 혹시 있을지 모른다. 하지만 그런 생각에 머물러 있다면 더 이상 발전이 있을 수 없고, 한계도 뛰어넘지 못할 것이다.

공부 환경 및 스케줄 관리 전략

공부하는 데에 있어 공부 환경은 상당히 중요하다. 난 집에서 공부를 하였고, 독서실은 가본 적이 없다. 방학 때는 인근의 시립 도서관 열람실을 이용했다. 집에서 공부를 할 때는 면학 분위기 조성이 무엇보다 중요하다. 내 경우, 책상에 컴퓨터가 아예 없었으며 고등학교 졸업 때까지 휴대폰도 없었다. 공부 환경에 못지않게 스케줄 관리도 매우 중요한데 여기에는 '계획 세우기'도 포함된다. 스케줄 관리와 계획 세우기에 있어서도 역시 두 가지 대원칙이 존재한다. 바로 '꾸준히'와 '흐름에 맞게'이다.

◈ '꾸준히'의 원칙

우선 '꾸준히'를 강조하는 까닭은 공부가 장기 레이스이기 때문이다. 물론 중간에 크고 작은 결승점들이 존재하지만 넓은 시각으로 본다면 대입을 향해 몇 년간 이어지는 매우 긴 레이스다. 따라서 꾸준하게 하지 않으면 쉽게 지칠 수밖에 없다. 내킬 때 바짝 하다가, 며칠씩 공부에서 손을 놓는 생활이 반복된다면 집중력이 쉽게 저하되고 제대로 몰입하기 힘들다. 이것은 불규칙적인 식사로 위염이 생기는 것과 마찬가지다. 예컨대, 점심 80, 저녁 70을 먹어야 되는데, 이것을 지키지 않고 점심을 거르고(0), 저녁을 150(80+70) 먹게 되면, 섭취하는 양은 같더라도 속이 탈 나는 것과 같은 이치다.

또 꾸준하게 해야 실력도 큰 폭으로 향상될 수 있다. 공부는 연속 과정이기 때문이다. 공에 펌프로 바람을 넣는 과정을 연상하면 쉬울 것이다. 펌프질을 한 번 하면 공기가 주입되고 시간이 조금 지나면 약간의 공기가 빠져나온다. 펌프질 간격을 최대한 줄여 빠른 시간 내에 끝내야 공에 바람을 가득 넣을 수 있다. 반면 펌프질을 하고 한참 지나서 다시 하면 공기가 쉽게 빠져나가 공에 바람을 가득 넣기 어려워진다. 이는 앞서 소개했던 '밑 빠진 독에 물 붓기' 이론과도 일맥상통하는 면이 있다.

◈ '흐름에 맞게'의 원칙

나의 스케줄에 있어 특별한 부분은 낮잠이다. 매일 학교 수업을 마치고 집으로 돌아오면 약 40분 정도 낮잠을 꼭 잤는데 **적당한 낮잠은 상당히 유용하다.** 30~40분의 시간으로 학교 수업에서 쌓인 피로를 해소할 수 있고, 재충전의 기회가 된다. 낮잠은 단순히 시간적인 비교에서도 매우 효율적인데, 낮잠 30~40분을 자면 밤에 2시간 이상 맑은 정신으로 공부할 수 있다. 이 원칙은 한의사 국가 고시 준비할 때에도 변함이 없어서, 매일 오후 3~4시경에 낮잠을 자면서 페이스를 유지하였다. 그 시간이 비교적 공부가 느슨해지면서 나른해지는 시점이기도 하기 때문이다. 공부할 때 휴식 시간은 흐름에 맞추는 것이 좋다. 예컨대 '50분 공부 후 10분 휴식' 이라는 원칙을 세워놓으면 연속되는 공부의 흐름이 끊어질 수 있기 때문이다. 따라서 어떠한 과목이 끝날 때, 또는 과목 내에서 단원이 바뀔 때 등으로 학습의 과정에 맞추어 휴식을 취하는 것이 좋다.

스케줄은 각자의 생활 리듬과 체력, 그리고 학교 수업 시간 및 야간 자율학습의 유무 등 여러 가지 사항이 고려되기 때문에 각자 생활에 맞게 스스로 짜면 된다. '아침형 인간 vs 저녁형 인간' 의 논쟁이 여전히 계속되고 있는데 그것은 특별히 고민할 부분이 아니다. 아침에 공부가 잘되고 효율적인 시간 활용이 잘 이루어진다면 그렇게 계획을 세우면 된다. 반대도 마찬가지다. 자신의 생활 패턴에 맞는 계획을 세우고, 그것을 꾸준하게 실천해나가면 되는 것이다.

시험 전략

나는 시험을 앞두었다고 해서 어떤 특별한 스케줄을 세운 적이 없다. 매일 꾸준하게 같은 패턴으로 공부를 해나갔다. 즉 낮잠도 평소대로 같은 시간대에 같은 시간으로 잤고, 이것은 시험 기간에도 마찬가지로 그대로 유지하였다. 일반적으로 학생들은 시험 기간에 평소와는 다르게 잠을 줄이거나, 식사를 제때에 하지 않는 경우가 많다. 하지만 이러한 변화는 부정적인 결과를 가져오기가 쉽다. 평소의 생활 리듬이 깨지면 우리 몸의 전체적인 기능이(두뇌를 포함하여) 원활하게 돌아가기 어려워진다. 인체는 기계가 아닌 유기체이기 때문이다. 특히 밤을 새우는 것은 매우 좋지 않다. 잠을 자는 동안 학습한 것을 저장하는 시스템이 가동되는데, 밤을 새우면 그럴 시간이 사라지게 된다. 또 다음 날 맑은 정신으로 시험을 볼 수 없다. 이러한 악영향은 그 후 며칠간 이어지기까지 한다.

◆ 시험 능력 키우는 방법

동일한 실력을 갖추고 있음에도 시험 결과는 충분히 다르게 나타날 수 있다. 시험에서 얼마나 자신의 실력을 제대로 발휘하느냐가 '시험 능력'이라 할 수 있다. 이것은 실제 공부를 하여 습득한 학업 능력과 지식 못지않게 중요한 부분이다. 어느 정도 이상의 실력을 갖추고 있는 경우라면 이 '시험 능력'에서의 작은 차이가 점수의 차이로 직결된다. 그런데 이 시험 능력을 좌우하는 것은 의외로 심리적 요소다. 시험을 치를 때 자신의 실력을 제대로 발휘하기 위해서는 지나친 긴장감을 버리고, 편안한 마음으로 임해야 한다. 물론 말처럼 쉬운 일은 아니다. 많은 시험을 경험하면서 자연스럽게 이루어지는 부분이다. 이러한 마음가짐을 갖기 위해서는 시험에 대한 자신감을 가져야 한다. 그래야 머릿속에 약하게 기억된 부분까지 활발한 두뇌 활동을 통해 인출할 수 있다.

시험 볼 때 '집중력을 최대한 끌어올릴 수 있는가' 하는 부분도 중요한 요소다. 평소의 집중력보다 훨씬 더 높은 집중력을 발휘해야 한다. 이를 위해서는 평소 예상 문제집을 풀 때 시간을 재서 실제 시험과 동일하게 연습하는 훈련을 하는 것이 매우 중요하다. 그래야만 실제 시험을 볼 때도 짧은 시간에 집중력을 최대한 높일 수 있다.

자신감, 집중력과 함께 포기하지 않고 최선을 다하는 마음가짐도 필요하다. 시험에서 몇 개의 문제가 잘 풀리지 않고 어렵게 느껴지면 쉽게 당황하는 학생들이 많다. 그래서 침착함을 잃고 자신이 제대로 풀 수 있는 문제조차 틀리는 경우를 종종 보게 된다. 따라서 모르는 문제, 어려운 문제들은 과감하게 넘기고 의연하게 대처할 수 있어야 한다. 나중에 시간이 허락된다면 그 문제들을 차분하게 풀면 된다. 어차피 모르는 건 남들도 대부분 모를 것이고, 어려운 건 남들한테도 역시 어려운 것이다. '이번 시험은 망쳤어'라고 지레 자포자기의 마음을 갖는 순간, 진짜 시험을 망치게 된다. 자신이 풀 수 있는 것만 제대로 푼다면 그 시험은 성공한 것이다. 결론적으로 모르는 것을 맞히는 것보다 자신이 아는 것을 전부 맞히는 것이 훨씬 더 중요하다. 이 점을 결코 잊지 말아야 한다.

◈ 시험 시간 배분 방법

시험에 있어 빼놓을 수 없는 중요한 부분이 바로 시험 시간의 배분이다. 시간 배분이 제대로 되지 못하면 시간이 부족하여 정작 아는 문제도 놓치게 되는데 이것만큼 안타까운 일도 없을 것이다. 물론 최선의 경우는 **'충분한 실력을 갖추어 시간이 모자라지 않도록 하는 것'**이다. 시간이 부족한 이유는 과목마다 조금씩 다르다. 많은 학생들이 시간 부족을 호소하는 수학의 경우, 객관적으로 실력이 부족해서다. 비교적 평이한 문제 유형에 익숙해져 있는 학생들이 응용문제를 접하게 되면 훈련이 되어 있지 않으므로 당연히 헤매게 되고 많은 시간을 소모하게 된다. 바로 이런 이유로 필자가 수학 공부의 **단계적 사고 학습법**을 강조하는 것이다. 국어와 영어 시험에서의 시간 부족은 독해 속도에 기인한다. 국어와 영어 공통적으로 독해 실력을 향상시키기 위해서는 어휘력과 이해력을 높여야 하며, 여기에 한자 학습이 매우 효과적이다. 한자의 중요성 및 학습 방법은 이미 설명한 바가 있다. 그 밖에 다른 암기 과목들에 있어서는 시간이 부족한 경우가 매우 드물다. 주어진 시간에 차분하게 풀어나가면 걱정할 것이 없다.

◈ 문제 유형별 대책

모든 과목을 막론하고 문제를 풀 때, 막히는 문제에 매달리지 않아야 한다. 거기에 집착하게 되면 자신도 모르는 사이에 시간이 훌쩍 지나가게 된다. 예컨대 두 개의 보기 중 고민이 되면 과감하게 바로 판단하여 시험지에 답을 체크하고 넘어가야 한다. 나중에 그러한 문제들을 다시 볼 여유가 거의 없는 경우가 많기 때문이다.

오지선다형 문제를 풀 때는 제시된 보기들의 상관관계를 살펴보는 것이 필요하다. 만약에 보기가 틀린 지문이라면, 어떠한 부분을 어떻게 바꿔서 나왔을지 예상해본다. 이것은 '해설을 예상하고 이미지 메이킹하라'고 소개한 내용과 맥을 같이한다. 보기를 살펴보면 어떠한 특정한 부분을 맞는 것에서 틀린 것으로 바꾸어 써놓을 만한 요소가 없는 보기들이 있다. 이러한 것들은 비록 그 구체적인 내용을 완벽하게 암기하지 못하여 정오(正誤)의 판단이 서지 않는 경우, 맞는 보기로 판단하면 된다.

서술형 또는 단답형 주관식은 공부할 때 따로 대비를 해야 한다. 오지선다형 문제는 주어진 보기에서 각각의 옳고 그름을 판단하면 되지만, 서술형 및 주관식은 확실하게 따로 암기하지 않으면 제대로 답을 써낼 수 없기 때문이다. 중요한 핵심 암기 사항, 즉 문제로 출제될 만한 것들을 예상하며 공부할 필요가 있다. 몇 가지를 쓰라는 문제들은 번호를 붙여 순서대로 외우는 것이 좋다. 그래야 실제 시험에서도 머릿속에서 잘 정리되어 답안을 작성하기 쉽다. 원리나 근거를 묻는 이해 유형의 서술형 주관식은 그 내용만 확실하게 이해하고 있으면 시험 답안을 쓸 때 거기에 적당히 살을 붙여 자연스럽게 쓰면 된다. 오히려 제대로 이해를 못하고 내용 그대로를 외우려 하다 보면 잘 외워지지도 않고 실제 시험에서 핵심을 써내기 어렵다.

서술형 문제의 답을 잘 모르더라도 답안지를 비우는 것은 좋지 않다. 최대한 문제를 잘 읽고 자신이 생각할 수 있는 데까지 최선을 다해야 한다. 비록 핵심이 되는 부분을 못 쓴다 하더라도 그것과 밀접한 관련이 있는 것들을 알고 있다면 그것이라도 적는 것이 좋다. 채점은 교사의 몫이지만 시험을 치르는 학생의 입장에서 최선을 다하는 자세가 꼭 필요하다.

내신 관리 전략

대학 입학에서 수능이 차지하는 비중은 예전보다 줄어든 반면, 내신의 중요성은 점점 더 커지고 있다. 또한 수능이 등급제로 바뀌고 문제의 난이도가 낮아짐에 따라 변별력이 예전에 비해 많이 줄어들었다. 내신을 철저하게 관리하여 좋은 성적을 얻는 것이 대입의 관건(關鍵)이 된 셈이다. 이 책 전체의 내용이 모두 학교 내신 성적을 잘 얻을 수 있는 방법들이긴 하지만 여기서는 내신을 위해 조금 더 차별화된 요소들을 언급해보기로 하겠다.

◈ 목표 세우기

대부분의 학생들이 '무슨 과목 몇 점' 혹은 '전교 몇 등'이라는 식으로 목표를 세운다. 그런데 학교 시험에 임할 때는 당연히 모든 과목을 다 맞겠다는 목표를 세워야 한다. 학교 시험은 범위가 정해져 있기에 분량이 엄청난 것도 아니고 문제가 막연하지도 않다. 100점을 목표로 공부를 해야 완벽하게 공부할 수 있고, 결과적으로 100점에 가까운 점수를 얻을 수 있다. 내신에서 중심이 되는 것은 당연히 학교 수업과 교과서다. 내신을 올리고 싶다면 수업 시간에 정말 집중해야 한다. 학교 시험은 선생님들이 출제하는 것이다. 다시 말해 우리는 출제자의 강의를 직접 듣고 있는 것이며, 이는 매우 중요한 의미를 담고 있다. 수업 시간 선생님의 말씀 한 마디 한 마디에 출제의 포인트가 녹아 있다는 것이다. 그러므로 수업 시간에 중요한 내용이나 보충 설명은 교과서 해당 부분에 직접 밑줄을 긋거나 별표를 해두고, 보충 설명은 교과서 해당 부분에 직접 가필하는 것이 효과적이다. 이것이 바로 '단권화'를 위한 기초 작업이다.

◈ 단권화

모든 학습 자료를 한 권의 책으로 통합하는 '단권화'는 모든 시험에서 아주 중요하다. 자료가 여기저기 흩어져 있으면 비효율적이기 때문이다. 내신을 위해서도 과목당 기본서, 즉 교과서를 3~4회 회독해야 하는데 교과서에 중요도 표시, 보충 설명 등의 가필이 확실하게 잘되어 있을수록 학습 효과는 커지기 마련이다. 이처럼 잘 정리된 교과서를 기본서로 삼고 거기에 참고서 한 권, 문제집 한 권이면 내신에 완벽하게 대비할 수 있다.

교과서는 최소 3회 정도는 정독하며 공부해야 한다. 회독 수가 높아질수록 공부에 가속도가 붙기 때문에 총 5번 정도는 읽고 시험에 임할 수 있다. 참고서는 말 그대로 교과서를 보충해주는 역할을 한다. 참고서로 이해도를 높이고 중요도를 재점검해볼 수 있다. 또한 핵심 사항이 눈에 잘 들어오게 정리되어 있기 때문에 놓치지 말아야 할 부분을 다지는 데 도움을 받을 수 있다. 문제집은 과목당 한 권이면 충분하며 공부가 충분히 되어 있는 상태에서 풀어야 한다. 틀린 부분 및 어설프게 맞은 부분은 문제를 풀고 난 후 확실하게 짚고 넘어가야 한다. 만약 틀리는 문제가 많다면 공부량이 부족한 것으로 판단하고 전체적인 검토가 필요하다.

◆ 시험공부 스케줄

내신 공부를 하는 과정에서 각 과목별 공부 시간 배분 및 스케줄 짜기도 세밀하게 이루어져야 하는 부분이다. 자신 있는 과목과 취약한 과목에 따라 구체적인 공부 시간 안배가 필요하다. 주어진 시간을 최대한 효율적으로 사용해야 하기 때문이다. 또한 자신의 학습량에 대한 기준은 최대한 엄격해야 한다. 그래야 시험 볼 때 자연스럽게 자신감과 여유를 갖고 좋은 결과를 얻을 수 있다. 시험공부 스케줄은 과목별 공부 순서를 정하는 것을 의미한다. 이것은 실제 시험과 동일한 순서로 하는 것이 효과적이다. 예컨대 시험을 3일 동안 본다면 첫째 날 보는 과목, 둘째 날 보는 과목, 셋째 날 보는 과목, 이렇게 시험 공부 기간에도 순서대로 하는 것이 좋다. 각 과목마다 공부한 시점과 실제 시험 시점과의 간격이 크게 벌어지는 것을 막을 수 있기 때문이다. 또한 일정한 순서를 잡아 회독 수를 높이면 같은 회독 수라도 무작위로 불규칙하게 공부한 것보다 훨씬 더 기억에 오래 남는다. 물론 각 시험 전날에는 다음 날 보는 과목을 공부하는 것은 당연한 일이다.

더 빨리 더 완벽하게, 노마 암기 전략

공부를 제대로 했다고 생각했는데도, 정작 시험을 볼 때 생각이 나지 않아 곤혹스러웠던 경험이 누구에게나 있을 것이다. 이 상황에서 우리는 두 가지 태도를 취할 수 있다. 하나는 '아! 난 머리가 좋지 않은가 봐. 분명히 본 기억이 있고 외웠는데 생각이 안 나네' 라며 좌절하는 것이다. 또 하나는 '내가 정확히 공부를 못 했구나. 다음부터는 더욱 철저하게 공부해야겠다' 라며 반성하고 노력하는 것이다.

상식적으로 생각해보자. 어떤 태도를 취해야 하겠는가? 어떤 태도가 공부를 더 잘할 수 있고, 자신을 발전시킬 수 있겠는가? 당연히 후자다.

인간은 망각의 동물이다. 잊어버리는 것은 자연스러운 현상이다. 만약 인간이 과거의 일을 잊어버리지 않고 다 기억한다면 괴로웠던 일, 슬펐던 일들 때문에 하루하루 살아갈 수가 없을 것이다. 따라서 학습하고 암기한 부분을 잊어버리게 된다고 초조해하거나 자책하지 말아야 한다. 오히려 복습에 더 노력을 기울여야 한다.

첫 번째 보고, 두 번째 보았을 때 생소하거나 잘 외워지지 않았던 부분을 암기하고, 세 번째 볼 때 그 전까지 공부한 부분에서 아직도 좀 어렵게 여겨지고 잘 외워지지 않는 부분을 다시 공부하는 것이다. 이때 중요한 것은 그 간격이 너무 길지 않게 하는 것이다. 횟수가 거듭될수록 읽는 속도가 빨라질 것이다. 자신이 확실히 소화한 부분은 가볍게, 그렇지 못한 부분은 특별히 심혈을 기울여 공부하고 암기하라.

사람에 따라 같은 내용이라도 머릿속에 어떤 부분이 잘 기억되는지, 또 몇 번을 복습해야 확실히 자신의 것으로 소화할 수 있는지는 제각각이다. 중요한 것은 잊어버리는 것을 두려워하지 말라는 것이다. 잘 안 되는 부분은 세 번이고 네 번이고 반복, 또 반복해야 한다. 이러한 태도로 공부에 임하게 되면 점점 더 암기력이 늘 뿐만 아니라 암기한 내용을 통해 그동안 제대로 이해하지 못했던 부분도 이해하기가 쉬워진다. 이 장에서는 상황에 맞게 오감을 활용해 암기하는 방법 및 내가 스스로 공부하면서 개발한 9가지 암기 노하우를 공개하고자 한다.

◈ 상황에 맞는 오감 활용 암기법

흔히들 오감을 활용해 공부하라는 말을 많이 한다. 이 말을 많이 들어본 사람들은 당연히 확실한 공부 방법이라 생각할 것이다. 하지만 실제로는 '오감을 활용하라' 라는 말만큼 추상적이고 무책임한 말도 없다. 왜냐하면 과목의 성격, 공부해야 할 내용과 스타일, 시험 문제의 유형, 그리고 각 개인별로 선호하는 공부 방법과 유용성이 모두 다르기 때문이다. 모든 과목에 있어 가장 선행되어야 하는 것은 바로 '이해' 이다. 암기 과목의 경우에도 이해를 바탕으로 핵심적 키워드를 추출하고, 그 키워드를 중심으로 공부를 해나가야 한다. 이것은 마치 그물망 구조와 같다. 한 가지 핵심 키워드를 확실히 이해한다면 연상 작용을 통해 자연스럽게 주변의 세세한 내용까지 쉽고 정확하게 암기할 수 있다. 이렇게 하기 위해서는 눈으로 마치 광선총을 쏘듯 책의 내용을 정독하고, 머릿속으로는 생각의 그물망을 끊임없이 펼쳐나가야 한다. 암기할 것을 연습장에 빽빽이 메우는 것은 흔히 '깜지' 또는 '빽빽이'라고 하는데, 이는 기계적으로 쓰는 행위에만 맞춰져 효과적이지 못하다. 예외적으로 논술형 시험일 경우, 머릿속으로 암기하고 체계적으로 정리한 것을 실제로 몇 회에 걸쳐 써보는 연습이 필요하다.

귀로 듣는 것은 일반적으로 학교에서 수업을 듣는 과정을 말하는데, 첫 수업 과정에서는(즉 처음 배우는 내용의 경우) 무엇보다 전체적 개괄의 이해와 아울러 중요 포인트 정도를 체크해내는 것이 중요하다. 그리고 그 후에 배운 내용을 반복해서 듣는 것은 그 부분을 확실하게 암기하는 과정인데, 이게 바로 '암기 비법'으로 언급한 것 중 하나인 「MP3 敎學相長法」의 한 부분이다. 특히 이 방법은 단순히 반복해 듣는 것뿐만 아니라 처음에 자신이 스스로 강의를 하듯 MP3 플레이어에 녹음을 하기 때문에 구술의 효과와 더불어 실제 강의를 하는 과정에서 확실한 이해와 핵심을 뽑아내는 높은 차원의 사고력도 기를 수 있게 되므로 자연스럽게 시험 문제에 대한 예상과 대비까지 제대로 할 수 있어 정말 좋은 방법 중 하나가 아닐 수 없다. 자신이 시험 출제자의 수준까지 도달할 수 있기 때문이다.

입으로 하는 공부는 이해가 필요 없는 단순 암기 사항의 경우 효과적이다. 암기할 내용을 입에 붙도록 반복하고, 특히 긴 내용의 경우 앞 글자 혹은 중요 단어들끼리 서로 연결해가며 소리 내다 보면 시험장에서도 지문을 보고 쉽게 정오(正誤)를 판단할 수 있고 주관식의 경우에도 역시 정확하게 대응할 수 있다.

225

노마 암기법 9가지

일반적으로 대부분의 사람들은 쓰면서 암기하는 경우가 많다. 하지만 난 눈과 입을 주로 이용했다. 눈으로 최대한 집중해 정독하며, 그 내용들을 머리에 새겨 넣는다는 생각으로 암기했다. 또 외운 것들을 입으로 확인해보고 부족한 부분들을 다시 채워 넣었다. 개개인마다 다르겠지만 특별히 안 외워지거나 어려운 부분들이 있게 마련이다. 그러한 것들은 특히 유념해서 확실히 자신의 것이 될 때까지 몇 번이고 반복해야 한다. 또 어떤 특별한 장치, 예컨대 연상 작용 등을 활용해 공부해야 한다. 과목마다 또는 그 과목 내에서도 공부해야 할 부분의 형태가 각각 다르기 때문에 그에 맞는 최적의 암기 방법을 만들어 적용해가며 공부했다. 이제 내가 개발하고 적용했던 암기 비법들을 예시와 함께 소개하겠다. 지금 알려드리는 방법들을 적극적으로 활용하면서 아울러 자신만의 방법을 끊임없이 생각하고 적용시키려는 노력을 기울여야 한다.

1 자음-모음 암기법

같은 자음끼리 특징을 잡거나 같은 받침인 경우 그것을 묶어서 암기하는 방법이다.

- '런던 스모그는 환원 반응'을 암기할 경우, '런던'의 받침 ㄴ ㄴ 과 '환원'의 받침 ㄴ ㄴ 이 공통됨을 생각하면 매우 쉬워진다.
- 'Croop(크룹)은 흡기 시 소리가 난다.' 이것을 암기할 때 크룹의 '룹'과 흡기의 '흡'의 받침 발음, 즉 각운이 같은 것을 떠올린다.
- '단순 열성 경련-전신적 / 복합 열성 경련-국소적'이라는 내용의 경우, 앞 글자만 따면 단-전 / 복-국이 된다. 즉 받침 발음이 같게 된다.
- '법률적 불능은 절대적 불능 / 사실적 불능은 상대적 불능'의 경우, '사실적'의 '사'와 '상대적'의 '상'과 자음, 모음이 같다는 점을 착안하면 바로 외울 수 있다.

2 연상 암기법

연상은 내용을 만들기가 비교적 어렵지 않기에 상당히 유용한 암기법이다.

- **단삼**의 효능 : 정신을 맑고 마음을 편안하게 해준다.
  - → **단상**에서 **명상**하며 **안신(安神)**하자.
- **도인**의 효능 : 윤장통변, 강기지해
  - → **도인**들은 **변**을 잘 보고 **감기**에 안 걸리는 **지혜**가 있다.
- **백자인**은 보심음혈, 윤장통변의 효능
  - → **심혈**을 기울여 **윤기** 나게 **백자**를 닦는다.
- **백합**은 안신, 외용으로는 피부 습진, 창양 등에 효과
  - → **백합꽃**으로 마음을 편안하게~ / 하얀 꽃가루를 뿌려 피부 습진을 치료한다.

- **진주**는 명목(눈을 맑게 하는) 작용, 해독 생기 작용
  - → **진주에 눈이 번쩍, 펄샤이닝 샴푸로 생기 있게~**
    *단삼, 도인, 백자인, 백합 : 약재 이름

3 스토리 암기법

스토리 만들기가 쉽지는 않지만 잘 만들면 많은 양을 암기할 수 있다는 장점이 있다. 이때 스토리는 꼭 스스로 만들어야 한다. 자신이 만든 스토리는 절대 잊어버리지 않기 때문이다. 아래는 '차전자'라는 약재의 성미(性味), 효능(效能), 귀경(歸經)의 암기 내용을 스토리 하나에 담은 것이다. 괄호 안에 있는 것이 암기해야 할 내용이다.

- 차전자–**가만(감한)**히 있는 사람들을 괴롭히는 **간신배(간, 신, 폐), 상습(삼습)**적으로 약탈하고, **지 살(지사)** 궁리만 했어. 오늘은 **저 담(거담)**을 넘어 어디를 털지, **지혜(지해)**를 내지, 삶의 **명목(명목)**은 없고, 끝은 보이지 않고.

스토리를 만들면 그것이 완벽하게 기억나지 않는다 하더라도 앞뒤 만들어 놓은 부분을 토대로 생각해내기가 쉽고, 웬만해서는 잊어버리지 않는다. 처음엔 어색하겠지만 계속 만들어보고 다듬어나가면서 어려운 암기 공부에 적극적으로 활용해보자.

4 랩핑 암기법

스토리 암기에서도 각운 **랩핑 암기법**은 나만의 비법 중의 비법이라 할 수 있다. 이 방법은 유사 발음과 절묘한 운율, 그리고 스토리에 리듬감까지 가미해 Rap Song을 만든 것이다. 잘만 만들면 굳이 외우려 하지 않아도 자연스럽게 입에 붙는다. 쉴 때마다 랩을 하듯 재밌게 즐기면 된다. 따로 시

간 내어 공부하지 않고도 상당히 많은 내용을 완벽하게 암기할 수 있었다. 아래 예시는 '행인'에 대한 암기 사항으로, 네 마디의 랩 소절로 압축된다.

난 지나가는 행인(행인). 어느 날 알지도 못하는 여자가 내게 장미(장미과) 한 송이를 건네줬어. 느낌이 좋았지. 정말 세상은 살고(살구) 볼 일이지. '커피 좀(거피첨) 마실래?'란 말에 난 그렇게 그녀를 만나게 됐고. 하지만 언젠가부터 내게 미온(微溫)적인 그녀, 이렇게 미운 적이 없어 마음이 쓰리다(苦). 아무리 소독(소독)해도 치유가 안 되고 이렇게 패대기(폐, 대장)쳐진 나

다음은 '구인'(약재 이름)에 대한 랩으로 쉽게 입에 붙어 저절로 암기가 된다.

난 오늘도 식품(식풍)부 구인(구인) 광고를 보고 용기를 내 들어갔어. 내게 모두 화만(함한) 내고, 나 오늘도 삶을 비관(비장, 간)하고. 멋진 삶을 동경(통경)해. 발걸음을 옮기며, 이 사회에 불평. 천(평천)한 일자리라도. 천 원 한 장이라도 있으(이수)면 좋겠어. 하루를 살아가도 반신불수(반신불수)라도 천에(천해) 일이라는 확률의 희망만 있다면. 그렇다면 앞으로 백일(백일해)만 참고 힘을 내줘~yo!

이 밖에도 가능한 한 많은 내용을 랩으로 만들어 평소에 흥얼거리며 공부했다. 이 방법이야말로 내가 추구해온 '즐기는 공부'의 표본이라 할 수 있겠다.

5 | 타당성 부여 암기법

나의 암기법에서 상당히 많은 비중을 차지하며 근본적인 암기법이라서 추천할 만하나 보통 사람들에겐 낯설지도 모르겠다. 실제로 공부를 하다 보면 일단 기본적으로 그냥 외워야 하는 부분, 소위 '쌩암기'가 많다. 그럴

경우에는 원리를 이해하는 것이 불가능하므로 자신만의 타당한 근거를 부여하는 것이다.

- 외감의 특징은 '고기를 못 먹지만 맛을 안다' 내상의 특징은 '고기를 먹지만 맛을 모른다' 이를 구분하여 외울 경우, 외감은 외상의 의미로 상처를 떠올린다. 상처가 나면 상처로 인해 고기를 못 먹지만 배가 고프고 따라서 맛은 안다 / 반면 내상은 속이 상한 것 즉 허약해진 상태를 떠올린다. 몸이 허약해지면 속도 안 좋고 입맛도 잃어버린다. 즉 '허약해서 고기를 먹긴 하는데 맛을 모르고 그냥 먹는다' 라고 나만의 타당한 근거를 부여해 암기하는 것이다.
- 신경증은 몸의 여러 기관에 영향을 미친다. '여러 가지 신경을 다 쓰니까 여러 기관이 아프다' 라고 생각하는 것이다. 이렇게 생각하면 절대 잊어버릴 일이 없다.
- 히스테리 발작은 다른 사람이 볼 때만 일어나고, 지속 시간이 길다. 이것은 '히스테리는 다른 사람에게 자신의 스트레스나 고통을 표현하기 위한 것이니까 타인이 볼 때만 발생하고 또한 지속 시간이 길어야 그만큼 자신의 의도(?)를 잘 나타낼 수 있기 때문이다' 라고 생각하며 암기하면 된다.
- 유해 화학 물질 관리법에서 금지하는 화학 물질을 구체적으로 명확하게 규정하지 않은 것은 법률주의에 위반되지 않는다. 그 이유는 '유해 화학 물질은 사회와 과학의 발달로 끊임없이 수시로 생겨나고 있기 때문이다' 라고 생각하며 암기하는 것이다.

6 MP3 교학상장(敎學相長)법

이것은 기존의 MP3 강의를 듣는 것에서 한 단계 업그레이드된 방법이라 할 수 있다. 즉 10~15분 정도로 암기해야 할 내용을 내가 직접 육성으로 MP3 플레이어에 녹음하는 것이다. 이때 내용은 그냥 읽는 것이 아니라 마치 내가 다른 사람에게 강의를 하듯이 한다. 이렇게 녹음하여 자투리 시간에 가벼운 마음으로 청취를 하면 상당히 신선할 뿐 아니라 직접 내 목소리로 강의를 듣는 것이기 때문에 귀에 쏙쏙 들어온다. 또한 이미 녹음할 때에도 다른 사람에게 강의하듯이 설명하므로 그 내용이 쉽게 자기 것이 된다.

즉 '敎學相長'의 효과를 얻을 수 있다. 이때 하나의 스크립트를 욕심내서 길게 하는 것은 좋지 않다. 약 10~15분 정도로 만들어야 이동 시간, 또는 그 밖의 자투리 시간을 활용하여 무한반복할 수 있어 매우 효과적이다.

이 암기법은 입으로는 소리 내어 말하고 귀로는 그것을 계속 청취하므로, 입과 귀 두 기관이 협응하기 때문에 효과가 좋다. 특히 자신이 스스로 강의를 하듯 녹음을 하기에 확실한 이해와 핵심을 뽑아내는 높은 차원의 사고력도 기를 수 있게 된다. 자연스럽게 시험 문제에 대한 예상과 대비까지 제대로 할 수 있는 정말 좋은 방법 중 하나이다. 자신이 시험 출제자의 수준까지 도달할 수 있게 되기 때문이다. 현재 시험을 앞둔 학생이라면 지금 바로 MP3 플레이어나 핸드폰의 녹음 버튼을 누르고 녹음을 시작하자. 마치 자신이 강의를 하는 교사가 된 것처럼 말이다.

7 이미지 암기법

이미지 암기법의 장점은 바로 어렵고 추상적이어서 잘 외워지지 않는 내용을 쉽게 암기할 수 있고 기억도 오래간다는 점이다. 내가 한의사 국가 고시 공부를 할 때 주로 병에 대한 특징적인 증상을 암기하는 데 이 방법을 썼다. 간단히 예를 들어보겠다.

'갑상선 기능 항진증'은 여성에게 주로 발병하고 식욕 증가, 체중 감소, 변비, 다한, 홍조의 증상을 보인다. 이를 특정인을 떠올려 이미지를 만들면 된다. 내가 아는 여자 중 한 명을 정해서, 밥은 잘 먹는데 살은 안 찐다고 생각한다. 덧붙여 나한테 고백을 하며 땀을 막 흘리고 부끄러워 얼굴이 홍조가 되는 것을 연상하는 것이다.

오적골(오징어뼈)의 효능인 止血 작용을 암기하기 위해서는 오적골을 하얗게 가루 내어 출혈 부위에 뿌려주는 장면을 떠올린다. 옥촉수(옥수수수염)는 강력한 이뇨 작용이 있는데 이는 '옥수수수염차'를 많이 마시고 화장실에 가는 장면을 떠올리면 된다.

재미있게 본 영화가 오래 기억이 되듯이 재미있는 상황을 이미지화하면 공부가 더욱 즐거워진다.

8 | S&S (sample-simple) 암기법

S&S 암기법 역시 추상적인 내용을 쉽게 암기할 수 있는 장점이 있다. 이 암기법은 추상적이고 어려운 내용을 아주 쉬운 사례로 바꿔 암기하는 방법이다.

'부작위(不作爲)에 의한 방조가 가능'하다는 것은 '도둑이 건물에 침입했을 때 경비원이 그것을 보고도 아무 조치도 취하지 않아 절도가 쉽게 도와준 경우'를 떠올리면 된다. 또한 '우리나라 국민이면 어떠한 경우라도 입국을 불허할 수 없다'는 내용의 경우, '그래서 가수였던 유 모 씨는 미국 국적이어서 정부에서 입국을 불허했구나!'라고 떠올리면 쉽게 외워진다.

이 암기법은 더 나아가 영어의 관용어나 문법적 표현의 경우에도 유용하게 활용할 수 있다. 바로 그러한 표현 덩어리들을 따로 암기하는 것이 아니라 우리가 잘 아는 팝송으로 입에 붙이는 것이다. 또한 전치사의 활용과 같은 딱딱한 문법도 팝송의 가사 자체에서 자연스럽게 익힐 수 있다. 찾아보면 아래 예시와 같은 많은 사례를 발견할 수 있다.

on my own-혼자 스스로 / counting on you-너에게 의지하다 /
promising future-전도유망한 미래 / work around the clock-노는
틈 없이 항상 일하다 / out of control-통제 불가능 / turn down-거절
하다 / within reach-손 닿는 곳에

9 頭문자 따기

두문자 따기는 낱말이나 문장에서 앞 글자만 따서 외우는 방법이다. 꼭 앞
글자만 딸 필요는 없고 대표적이고 특징적인 글자를 따면서 연결하였을
때 입에 잘 붙도록 배치하는 것이 중요하다. 몇 가지 예를 들어보겠다.

* 부부간의 의무 4가지 : **동**거 의무, **부**양 의무, **협**조 의무, **정**조 의무 →
  동부협정
* 주소 : **복**수주의, **실**질주의, **객**관주의 → 복실객 → 복슬강아지(복실객
  에서 더 나아가 복슬강아지로)
* **청**구인 능력 - **공**권력 행사 또는 불행사 - **기**본권 침해의 가능성 - **자**
  기 관련성, 직접성,현재성 - **보**충성 - **권**리 보호 이익 - **변**호사 강제주
  의 - 청구**기**간 → 청공기 자직현 보권변기

비교적 쉬우면서도 효과적인 암기 방법이므로 활용해보기 바란다. 꼭 앞
글자가 아니어도 괜찮다. 그 단어나 문구에서 중심적 역할을 하고 차별화
되는 글자를 따서 입에 착착 감기도록 만들면 된다.

—부록—

전원일기 노마에서 한의사로 돌아온 김태진의 열혈 공부 이야기

서울대 영재 1기생 김태진 군을 기억하며…

1997년 첫해에 수학을 지도하면서 특히 매 수업 시간과 토론 시간에 언제나 적극적이고 훌륭한 해결 방법을 제시했던 몇몇 학생들은 시간이 흐른 후에도 많이 기억에 남는다.

영재원에 다니는 학생들은 수학적으로 매우 성숙했으며 자신의 수학적 생각과 사고 과정을 활발하게 다른 학생들과 나누었다.

당시 태진 학생도 그런 학생 중 한 명이었는데, 단순히 그뿐이 아니라 다른 학생들과 다른 특별한 부분이 있어 흐뭇하게 생각했던 기억이 난다. 그 점은 바로 수업 시간 외에 항상 잘 풀리지 않는 의문들을 끊임없이 질문하고 혹은 수업 시간에 다루었던 주제와 연관하여 새로운 시각에서의 접근에 대한 생각들을 제안했던 부분이었다. 그곳에 모인 학생들은 개개인 모두 뛰어났지만, 그렇게 수학에 대해 열정적이고 적극적으로 수업 시간 외에 직접 찾아와 질문을 하고 의견을 제시했던 학생은 그 후 매년 영재들을 지도하면서도 많지 않았기에 지금도 잊히지 않는다.

영재원의 교육은 단순히 난이도가 높은 수학 문제를 푸는 것이 아니라 수학과 관련된 실생활의 문제를 해결하는 과정을 통하여 기존의 알고 있는 수학 지식으로부터 시작하여 문제 해결을 위한 추론과 증명, 몇 개의 경험으로부터 유사성을 발견하고 그것이 일반화가 가능한지를 확인해가는 과정이다. 이런 교육과 태진 군의 열정 그리고 끊임없이 사고하고 그것을 응용하여 적용하는 노력이 더해 태진 군의 수학적 역량, 더 나아가 전체 모든 학습에 걸쳐 필요한 사고와 논리의 힘에 많은 도움이 되지 않았나 생각된다. 이러한 사고 훈련은 꼭 수학에의 적용은 아니더라도 일반적인 생활 속에서 수학적 사고를 적용하여 사물을 객관적으로 보고 바르게 판단할 수 있는 능력을 기를 수 있기 때문이다.

그 당시에 수업 과정에 성실하고 열정적으로 훌륭하게 교육을 마친 태진 학생이 이렇게 훌륭하게 성장하여 한의사가 되었다는 것, 그리고 한의사가 되려고 결심한 그 참된 마음가짐이 더욱더 지도한 교수로서 마음을 훈훈하게 해준다. 또한 〈전원일기〉의 아역 배우를 하면서 서울대학교 영재원에 다닌 것까지는 몰랐는데, 다시 들으니 놀라울 따름이다. 마지막으로 환자를 진심으로 생각하는 한의사로서 국가를 위해 수고하심에 감사를 드리는 바다. 지금과 같은 마음 자세를 끝까지 잃지 않고, 학창 시절 그랬듯이 삶에 대해 항상 열정적이고 능동적인 자세를 간직하길 바라는 마음이다.

정상권 현 서울대학교 수학교육과 교수/97년 서울대학교 영재교육 1기 당시 수학 담당 지도 교수

귀동이의 자랑스러운 아들, 노마에게

어이, 아들.

재작년에 우리 노마 한의사 되었다고 검색 순위 1위에 오르고, 각종 매체에서 '노마 아버지시죠?' 이러면서 취재하러 오는데 절로 어깨가 으쓱여지더라고.

마음 같아서는 당장 김 회장님 댁에 달려가 막 자랑하고 싶었다니까. 허허.

그때 모 방송에서 너랑 나랑 인터뷰하자고 연락 왔었는데, 내가 그 당시 드라마 때문에 함께하지 못하게 되어 정말 아쉬웠다. 다음에 기회되면 꼭 같이 나왔으면 좋겠다.

우리 노마가 이렇게 반듯하게 잘 자랄 줄 내가 알았어. 그 당시 촬영장에서도 항상 책을 손에서 놓지 않더라니까.

그 부분은 아버지를 안 닮아서 참 다행이야, 허허. 나는 책보다는 운동을 참 좋아하니.

내가 해준 거라고는 '노마야, 밥 많이 먹어라' 이것밖에 생각이 안 나네. 공부하려면 체력이 좋아야 하니까 다 이 아빠가 깊은 뜻으로 밥을 많이 챙겨준 거야. 하하. 그래도 비록 극 중이지만 내가 너한테 남자다운 기상 같은 거 주지 않았나 싶다.

참! 인터뷰에서 내가 아프면 침 놔준다고 해서 엄청 좋았는데, 그래도 내가 평소에 꾸준히 운동해서 건강을 유지하는 게 좋겠지? 노마가 있어 내가 든든하다.

옷깃만 스쳐도 인연이라는데, 근 4, 5년간 일주일에 두세 번씩은 함께했으니, 진짜 부자지간은 아니지만, 엄청난 인연이다.

우리 다시 한 번 〈전원일기〉 때처럼 부자지간으로 드라마 한 편 하는 건 어떨까? 호흡이야 두말할 것 없고, 굉장히 감회가 새로울 듯하네, 허허.

네가 지금까지 해온 것처럼 앞으로도 바르게 잘 생활할 것이라 믿는다.

국민 아들, 우리 노마 파이팅!!

이계인 MBC 〈전원일기〉/노마 아버지 역

나의 수제자 태진 군에게

태진아, 아니 이제는 태진 군이라 불러야 하나? 어느새 머리도 마음도 훌쩍 커버려 든든한 청년이 되었으니 말이야.

태진이 소식이 궁금할 때마다 매스컴이 친절하게도 잘 지내고 있다는 소식을 전해주어서 참 좋더구나. 세월이 쏜살과도 같다지만 어느새 태진이와 인연을 맺은 지도 꽤 오래되었네. 내가 담임을 맡았던 것이 네가 고1 때였으니까.

꽃샘추위로 쌀쌀했던 3월의 날씨 속에서 당당하게 신입생 대표 입학 선서를 하던 태진이의 모습이 눈앞을 스치고 지나가는구나.

네가 우리 반이 된 후, 입학 관련 서류를 보다 선생님이 많이 놀랐던 것을 알고 있으려나? 너의 중학교 수상 경력을 보며 과학고를 가지 않고 우리 학교에 입학한 것에 말이야. 더욱이 수학 담당인 나로서는 놀란 마음 뒤로 기쁜 마음과 커다란 기대감을 감출 수 없었지.

지금도 내가 태진이에게 고마움을 느끼는 것이 있어. 매일 아침 자습시간에 반 학생들에게 수학 문제 출제와 풀이를 해주면 어떻겠느냐고, 조심스럽게 의견을 물었을 때 흔쾌히 그러겠다고 한 것 말이야. 하루 이틀도 아니고 매일 아침 자기 공부 시간 내어가며 준비해온 수학 문제 출제와 그 풀이 과정 설명까지. 정말 어려운 일이었을 텐데, 즐겁게 반 학생들을 위해 열심히 해준 사람은 선생님의 교직 생활을 통틀어 전무후무했단다.

실은 우리 반 수학 평균이 가장 높았던 것도 내가 수학 담당이어서가 아니라, 태진이가 매일 아침 우리 반 학생들에게 해준 수업 덕분이었다고 생각해. 아마 반 친구들도 그 아침 수업이 많이 도움이 되었고, 태진이 네게 많은 고마움을 느꼈을 거야.

자네는 내가 교단 생활 수십 년 동안 가르쳤던 학생들 중에 참 특별한 학생이었어. 공부를 잘하는 학생이건, 못하는 학생이건 시험의 압박은 누구에게나 힘든 거였는데 유일하게 태진이는 시험을 즐기는 것 같았어. 그러한 태도와 마음가짐이 태진이가 각종 전국 대회에서 훌륭한 성적을 얻을 수 있었던 가장 큰 원동력이 된 것이 아닐까 하는 생각이 든다.

고등학교 때 매일 아침 친구들을 위해 수업을 해주고, 친구들의 질문을 친절하게 해결해준 마음이 그대로 이어져 우리 사회에 어렵고 소외받는 사람들에게 전달되었으면 좋겠다. 태진이가 가진 능력이라면 충분히 어렵고 힘든 사람들에게 큰 희망이 되어줄 수 있을 테니까.

덧붙여 학생들을 가르치는 선생님의 시선으로 태진이의 책을 읽어보니, 현재 공부를 하는 학생들에게 꼭 필요한 책이라 생각된다. 학습법에 대한 단순 나열이 아니라 '학문의 습득' 속에서 알아야 할 '진정한 배움의 의미'를 알 수 있게 해주는구나. 크게 보면 더 나아가 이 시대를 열심히 사는 청년들의 삶에 필요한 소중한 가치와 자세까지 엿보인다는 생각이 든다.

태진이가 한의사를 결심했을 때의 첫 그 마음, 그 초심을 끝까지 유지하여 너의 소망대로 모든 사람들이 건강하고 행복한 삶을 살아갈 수 있도록 정진하길 바란다. 태진이는 선생님의 교육 인생에 있어 가장 이상적인 학생이었다고 생각해. 태진이와 같은 학생의 담임을 맡았었다는 것이 정말이지 큰 행운이었고, 보람 그 자체였다. 잠시나마 태진이의 인생의 길에 등불을 밝혀주었던 사람으로 끝까지 선생님이 응원할게. 항상 변함없는 마음으로, 파이팅.

김영찬 화곡고등학교 1학년 담임 선생님-수학 담당

김태진 선배님께

선배님께서 공부 방법에 관한 책을 내신다는 소식을 들었을 때 나는 고개를 끄덕일 수밖에 없었다. 내가 아는 선배님은 충분히 그럴 만한 능력이 있는 분이기도 했고, 또 본인이 알고 계신 노하우를 참신하게 풀어내실 줄 아는 분이셨기 때문이다. 고등학교 때 선배님을 처음 뵈었을 때가 생각난다. 어리바리했던 나는 담임 선생님의 소개로 만나게 되었던 선배님께 내신이나 수능 등 학업에 대한 여러 가지에 대해 조언을 들을 수 있었다. 특히 어려움을 겪곤 했던 수학에 대해서는 여태까지 내가 알고 있던 접근 방식과는 굉장히 다른 길을 제시해주시기도 했는데, 덕분에 피하고만 싶었던 수학에 대해 자신감을 갖게 된 기억이 난다. 더불어 내신 관리에 대해서도 많은 도움을 받아 결국 수시전형으로 대학에 입학할 수 있었다. 공부. 참 쉽지 않은 것이지만, 방법만 제대로 안다면 아주 못할 일은 아닌 것 같다. 모쪼록 이 책을 통해서 공부를 '잘' 하고 싶었지만 어찌할 줄 몰라 애태우던 학생들이 할 수 있다는 희망과 자신감을 듬뿍 얻어갔으면 하는 바람이다. 예전의 내가 그랬던 것처럼 말이다.

조인준 화곡고 1년 후배 (연세대 사회계열 수시 합격)

확인 학습

◈ 다음 문장의 정오(O, X)를 판단하세요.

- 실패는 성공의 어머니다. ( )
- 공부는 밑 빠진 독에 물 붓기다. ( )
- 그것을 좋아하는 자는 그것을 즐기는 자보다 못하다. ( )
- 고통은 참아내면 되지만 포기는 영원한 상처로 남는다. ( )
- 할 때는 하고, 놀 때는 놀자. ( )
- 결과보다는 과정이 중요하다. ( )
- 자신의 한계를 정확하게 규정하자. ( )
- 최악의 경우는 생각하지 말자. ( )
- 복습보다는 예습을 철저하게 하자. ( )
- 힘들수록 단순하게 생각하자. ( )
- 속도보다는 정확하게 푸는 것이 우선이다. ( )
- 기출문제는 모든 공부의 출발점이다. ( )
- 공부는 쉽게 하고, 시험은 힘들게 보자. ( )
- 10가지를 대충 아는 것보다 8가지를 확실하게 아는 것이 중요하다.

  ( )

- 초·중반에 치고 나가는 것보다 막판 스퍼트가 훨씬 중요하다.

  ( )

- 모든 것은 내 탓이다. ( )
- 암기가 이해보다 우선되어야 한다. ( )
- 진정한 성공은 자아 성취에서 나온다. ( )
- 질문을 두려워하지 말자. ( )

- 마지막이라는 생각으로 책을 보자. ( )
- 자신이 확실하게 잘 아는 부분을 몇 번이고 되풀이해서 공부하자.
- 수학 문제는 직접 문제집에 풀자. ( )
- 수학 문제가 잘 안 풀릴 때에는 바로바로 해설지를 확인하자.

 ( )

- 수학 문제를 풀 때에는 단계별 사고를 통해 차근차근 전개해나가자.

 ( )

- 공부할 때라도 주변에서 일어나는 일에 신경을 쓰자. ( )
- 절대 스스로가 노력했다는 생각은 버리자. ( )
- 지금 해야 하는 일이 가장 중요한 일이다. ( )
- 고민거리를 시험장까지 갖고 가자. ( )
- 내가 컨트롤할 수 있는 부분만 생각하자. ( )
- 공부는 할 때 집중적으로 해야 한다. ( )

- 30 ~ 28개 : 잘하셨어요.^^ 정독해서 잘 읽으셨군요.
  앞으로 그대로 실천하고, 꾸준히 정진하세요.
- 27 ~ 25개 : 읽긴 읽었는데, 대충 읽으셨군요. 다시 정독하시기 바랍니다.
  공부할 때에는 실수를 줄이고, 더 완벽해지기 위해 노력하세요.
- 24 ~ 21개 : 공부 잘하고 싶고, 꼭 성공하고 싶다면 다시 마음을 굳게 다잡고 이 책
  첫 장을 다시 펼치시기 바랍니다. 차분히 하나하나 머리에 새기며 정독하세요.

....

답〉 X O O O X / X X X X O / O O X O X / O X O O O / X X X O X / O O X O O

■ **(주)고려원북스**는 우리들의 가슴속에 영원히 남을 지혜가 넘치는 좋은 책을 만들겠습니다.

공부에 다음이란 없다
전원일기 노마에서 한의사로 돌아온 김태진의 열혈 공부 이야기

초판 2쇄 | 2012년 3월 10일

지은이 | 김태진
펴낸곳 | (주)고려원북스
편집주간 | 설응도

기획 | 성장현
기획편집 | 안은주
책임편집 | 김부영
마케팅 | 이종진
판매처 | (주)북스컴, Bookscom., Inc.

출판등록 | 2004년 5월 6일(제16-3336호)
주소 | 서울 광진구 중곡동 639-9번지 동명빌딩 7층
전화번호 | 02-466-1207
팩스번호 | 02-466-1301
e-mail | koreaonebook@naver.com

copyright ⓒ Koreaonebooks, Inc., 2012, printed in Korea
이 책의 저작권은 저자와 출판사에 있습니다. 서면에 의한 저자와 출판사의
허락 없이 책의 전부 또는 일부 내용을 사용할 수 없습니다.

ISBN 978-89-94543-36-9 43370

저자와의 협의에 의하여 인지는 붙이지 않습니다.
잘못 만들어진 책은 구입처나 본사에서 교환해 드립니다.